が爆上がりする
こ星人の
教え

櫻庭露樹

KADOKAWA

プロローグ～もう、お金に困る生活はいやだ～

あーあ、もっとお金がほしいなあ。どっかに落ちてないかなあ。

仕事帰りの電車のなかで、おもわずため息をついた。スマートフォンの画面に表示されているのは、おしゃれなワンピース。「これを着て来月の推しのイベントに参加できたらいいな」と想像を膨らませたが、すぐに現実に引き戻された。

ライブ代、イベント参加費、グッズ代、遠征費、着ていく服代など、韓国アイドルの推し活には非常にお金がかかる。働いてもいれば、外食代、カフェ代、服代、化粧品代、美容院代だって必要だ。そんなこんなで出ていくお金はいくらでもあるが、今月はクレジットカードをこれ以上使うと銀行の預金残高よりも引き落とし額のほうが上回ってしまいそうだった。

「ただいま～。ねえお母さん、ほんと、ごめんなんだけど、ちょっとまたお金を貸して。2万円。出せる？」

　玄関のドアを開けてすぐ、奥に向かって声をかけた。

「はいはい、2万円ね。来月ちゃんと返してよ」とお決まりの文句が返ってくることを期待していたが、返事がない。リビングに入ると、お母さんがいつになく難しい顔をしてダイニングテーブルの椅子に座っていた。

「どうしたの？」と聞くと、「パートの出勤日を減らされたからお金がない」と言う。

「でも、ほんの数日でしょ？　そんなにうちの家計に影響あるわけ？」

「他にもいろいろあるのよ、いちいち言わないけど。もともとそんなに余裕があるわけでもないのよ。なのに、あなた、28歳にもなって、家に一銭も入れないし」

　カチンときた私は、かぶせるように言った。

「はあ？　何、言ってんの。私に家にいてほしいのはそっちでしょ。『一人暮らしは大変』だの、『何かあったら心配だからここにいればいい』だの、いつも言っているのはお母さんでしょ。私だって一人暮らしできるなら、そっちのほうが自由でいいに決まってるでしょ」

　お母さんの顔色が変わった。

「よく言うわね、借りたお金も返さないでおいて、何が一人暮らしよ」

「は？　お金なら毎月、返してますけど？　もう認知症でも始まったわけ？　いいかげんなこと言わないでよ。だいたい、私に貸したくないなら貸さなきゃいいじゃん」

言い終えると同時に私は椅子から立ち上がった。

これでは自分から「貸さないでいい」と言ってしまったようなもの。しくじったと苦々しい思いが込み上げたが、思わぬ形で明かされた母の本音が悲しかった。

イライラしながらベッドに寝転がり、ひたすらスマホをいじった。「副業」「お小遣い」「簡単」などのワードを検索し続ける。

「貯金ゼロから1億円」「すぐ稼げる」「スマホだけで日給10万円」など、心惹かれるワードが並んだ。その1つ1つをタップしてみたが、具体的な内容はいまいちよくわからない。

気づけば1時間半以上も見続けていて、疲れを感じ始めた。とは言え、このまま何もしないわけにもいかない。「10日以内に絶対成功できる方法を、今なら無料でサンプルプレゼント」というものを見つけ、とりあえずダウンロードしてみた。

「ストック型の副業では一度作れば永遠に収入を生み出し続けられます」。「ちょっとしたコツを掴めば誰にでも簡単にできます、コツを掴めばすぐに月収10万円も可能」。へー。「このサンプルからのお申し込みなら通常48万円のところを19万8千円」って、めちゃお得じゃん。えっ、しかも「サンプルから60分以内のお申し込みならさらに割引」って……15万円になるの⁉　ここは思い切って人生を副業で仕切り直しだ！

ポチ。お母さんと喧嘩したイライラと、儲かりそうな副業の教材を見つけたワクワクと興奮とで、若干ハイになっていたことは否めない。妙な達成感を味わいながら、その晩はいい気分で眠りについた。

ダウンロードした教材をなぜかまともに読むこともなく、10日がすぎ、給料日がやってきた。なんでもかんでも先延ばしにするのが私の悪いところだ……。

給与明細を確認する私の視線が、振り込みの額のところで止まった。3万円ほど、いつもより少ないのだ。

経理担当者には「先月、出社日を少し減らしてもらったじゃない？　その関係です」とあっさり言われた。たしかに、「この日はお休みで大丈夫」と言われた日が何日かあった。うちの会社はイベントや広告関係の事業をしており、例の感染症のあおりをもろに食らって経営がなかなか厳しいという話だった。事務員をしている私も、「やってもらう作業がないから」と言われ、数日、強制的に休みを取ることになったのだ。

しかし、それで給料を減らされるなんて聞いていない。会社都合で休ませておいてそれはないだろう。いくら契約社員だからってそんなのは横暴すぎる。だが、「実は、私も何日かお休みになって、お給料を減らされているの」と小声で言う経理担当者に、私は何も言い返せなかった。

そんなわけで、帰宅してすぐ、張り切って例の教材を読み始めた。今月も出社日を減らされているので、来月のお給料も今月同様、少ないはずだ。もう、私の金欠は待ったなしなのである。

だが、その勢いはすぐに衰えた。宇宙語の如くまったくわからないのだ。いや、日本語はわかる。ただ、やたらカタカナや専門用語が多くて難しいし、情報が整理されている感じもない。結局、何から始めたらよいのかが、さっぱり掴めない。というか、サンプルの内容がそのまま載っている箇所もある。って、まさか、これ、詐欺⁉

「詐欺　教材」「詐欺　スマホ　副業」などと検索すると、手口はいろいろあるものの、副業初心者を狙う詐欺はたくさん存在するらしい。まさにこれがそう。

さ――――っと、血の気が引いた。同時に怒りも湧き上がってきた。ありえない。クレームを入れて返金してもらおう。こんなの、絶対、許されない。

しかし、連絡先がメールアドレスしか書かれていない。メールをしたって返事が来るかどうか疑わしいものだ。申し込み時に送られてきたメールを読み直すと「結果が出ない場合の補償・返金はいたしかねます」「クーリングオフは8日まで」とある。

いやいやいや、ちょっと待ってよ。私、お給料、減らされているよね？　にもかかわらず、この教材の15万円、来月、引き落とされるんだよね？　2万円も貸してくれないお母さんが15万円を貸してくれるわけがないし、臨時収入のあてもないし。

……え？　ちょっと待って、もしかして私、超ピンチってことじゃん。

どうしよう。最悪。会社も、お母さんも、詐欺業者も、ひどすぎる。どうして私が自分勝手な人たちの犠牲にならないといけないの？

というか、普通に働いて生きているだけなのに、ちょっと頑張ろうとしたら詐欺にあうなんて、私、ちょっと運が悪すぎないか？　ていうかこのままだと借金地獄？

やばい、やばい、やばい。誰か助けて。ああ、おじいちゃん……！

思わず心のなかで助けを求めたのはとっくに亡くなった祖父だ。お母さんが大事にしていた香水の瓶を床に落として割ってしまった時。テストでカンニングして先生に怒られた時。友達と喧嘩して仲間外れにされた時。幼い頃、ピンチに陥るといつもおじいちゃんに助けを求めたものだった。

だが、当たり前だけどおじいちゃんはもういない。お母さんも会社も私のことを大事にしてはくれない。私のことなんか、誰も助けてくれないんだ……。

涙があふれた。その瞬間、耳元で磯の香りのする風がフワリと吹いた。

直後、ポンと後ろから肩をたたかれ、「ヒッ」と情けない声をあげて私は背中を硬直させた。だが、お母さんが入ってきたのだと思い直し、「ちょっとお母さん、入ってこないでよ」と眉をひそめて振り向いた瞬間、今度は衝撃のあまり声が出ない。

目の前にいたのはお母さんじゃなく、フヨフヨと宙に浮く、タコみたいな、イカみたいな謎の物体だった。硬直したままの私に向かって、なんとその物体はしゃべりかけてきた。

「おまえ、マジで終わってるわ、ジ・エンド」

落ち着こう。落ち着くんだ、私。必死に自分で自分に言い聞かせる。何度も目をこすり、深呼吸をし、強く目をつぶっては開けて、を繰り返したが何の変化もない。

　突如目の前に現れた謎の物体は、こう言った。

「おいら、たこ星人といいます。神様から依頼を受けて、T94星雲にあるたこ星からやってきました。今、お金に困っているだろ？　これからおまえの人生を根底から変えていくプログラムを実践してもらうダコ。だから、言う通りにしなさい」

　言う通りにするも何も、おまえはいったい何⁉　どうやってうちに入ってきたんだ。なんで宙に浮いているんだ⁉

　目を白黒させていると、その物体は「おまえ、『おじいちゃん』って、言ったな？その言葉、聞き逃せんな。あの人には、おいら、返しても返しきれない恩がある。だが、こないだ死んじまった。この恩を今、返す時が来た」と言った。なんとか「おじいちゃん？　恩？」と返した私に、その物体はさらに続ける。

「地球に『タコ』っていう生き物がいるだろ？　こないだちょっと海に行って憑依してみたわけよ、生身のタコに。そしたらもう大変、慣れない体でコントロールがきかなくて、浜辺に打ち上げられちまった。陸じゃ生きられないんだな、タコは。まじ死ぬかと思った」

　眉間にこれでもかというほどの皺を寄せて口を半開きにしている私を意にも介さ

ず、たこの宇宙人は続ける。

「その時、サッと大きな手が伸びてきて、おいらを優しく抱えて海のほうに戻してくれて……。酸欠で意識を失いかけたが、おかげで生き返ったんだ」

「もしかして、それが私のおじいちゃん……とかですか？」

震える声で問いかけた私のほうへ視線を向けて、「そうだ」とそいつは言った。

「それで……金運がなんとかかっていうのは何の話ですか」

「おまえの祖父君はおいらの命の恩人だ。返しきれなかった恩は、孫であるおまえに返させてもらうことにした」

「いや、だからそれと金運と何の関係が……」

「何を言っている。このたこ星人に目をつけられて金運が上がらない人間などいるわけがない。おいらの言うことさえ聞けばお金の苦労とはおさらばダコ、安心しろ」

いったい何を言っているのかさっぱりわからずに話が噛みあわない状態から、小一時間。何度も質問を繰り返し、目の前の物体から得られた情報はこうだ。明らかに人間ではない物体相手に質問を繰り出した私を褒めてほしい。

・たこ星の住人はみな思いやりにあふれ、争いのない世界でハッピーに暮らしている
・地球人は銀河系のなかでも著しくハッピー度が低く、宇宙全体のバランスを乱す原因の1つになっている
・たこ星人は神様から「地球人を救済すべし」というミッションを受けている
・たこ星人は救済する地球人を選び、開運に導くサポートをしている

「ちょ、ちょっと待ってよ、そんなこと突然、言われても無理。わけわかんないし」

混乱する私はしどろもどろになって言った。しかしそいつは「かまわん、かまわん。何も心配いらない。おいらの言うことだけキチンと聞けばいい」と不敵な笑みを浮かべているだけだ。……おじいちゃん、助けて！

第3章 神様はピカピカ光り輝く人が好き

～神様に愛される人、貧乏神につきまとわれる人～

第4章 トイレ掃除は最高の開運トレーニング

～まず始めるべきはトイレ掃除～

第7章

喜ばれる人になろう
～お金もエネルギーも循環させる～

第8章

誰と出会ってどうすごすか

～人生は「よき仲間」を作る旅～

装丁　ＭＯＡＩ（岩永香穂）
イラスト　ＪＵＮ ＯＳＯＮ
校正　文字工房燐光
取材協力　上田菜都美／白石有希
協力　小野マッチスタイル邪兄／大坪美穂／渋沢一臣／浦野睦
編集協力　村上杏菜

第1章

幸せになるよりも
不幸から
脱出するのが先

〜なぜお金に困るのか〜

幸せになりたいなら人生から「不幸な理由」を消していく

いきなり目の前に現れた、自称「神様の使い」のたこ星人。語尾も含めて怪しすぎる。もしかして、これって幻覚？　私、あまりの運の悪さにショックを受けて変なものが見えるようになったのだろうか。

あーもう、どうでもいいや……。

人生は足し算より引き算が先

よくわかんないけど、幸せにできるなら、してみてよ。じゃないと信じないから。

あのな、誰が幸せにしてやるなんて言った？　そんな考え方だからだめなんだ。

はあ!?　いちいちムカつく野郎ね。今の状況をどうにかしてくれるんでしょ？　金運を上げてくれるんでしょ？　それってつまり幸せにしてくれるってことでしょ。

いいか、いいか？　人生というのは、足し算じゃなくて引き算。

何の話？

たとえば、『健康になりたい』と思った時、地球人はすぐサプリやらなんやら飲み始める。だが、真に始めるべきは暴飲暴食や睡眠不足といった悪習慣を『やめる』ことなんだ。つまり、足し算じゃなくて引き算が先。

人生もそれと一緒だって言いたいわけ？

そう。幸せを目指すより、まずは今より不幸にならないこと。自分がなぜ不幸なのかを考えろ。この宇宙は因果の法則で回っているんだ。今おまえは人生に困って、お金に困って、全部に困っている。そうだろ？　その原因を作ったのはおまえだ。

いちいち失礼なこと言うね。ま、たしかに今の私は不幸続きだけど、その原因を作ったのが私？　私がいったいどんな悪いことしたのよ？

まだ因果の法則は難しいか。じゃ、別の言い方だ。人生は『ブーメランの法則』。

ブーメランの法則？

投げかけたものしか返らない、投げかけないものは返らない。愛せば愛される、愛さなければ愛されない、嫌えば嫌われる、嫌わなければ嫌われない。今までの人生で人に喜ばれることを投げかけてこなかったんじゃないか？　おまえ、お母さんに優しく接してきたか？

お母さんとは喧嘩して…って、よくよく考えたら、私からいつも喧嘩売ってる。

そう。それがブーメランの法則だ。少しは理解したかな？　だから、今すぐお母さんに謝ってこい。さっきはごめんなさいって。

無理無理!!　さっきあんなキツイ言い方して、今更ごめんとかマジ言えない！

いつもそうやって人生から逃げてきただろ？　問題解決の極意を教えてやる。

何かが起こった時の選択肢を間違えていないか

困った時、ピンチに陥った時、ほとんどの人間は戦って揉めごとを起こすか、『こんなの無理』と逃げ出すかのどちらかだ。しかし、実は3つめの選択肢がある。不幸から抜け出したければ第3の選択肢を選ぶべきなんだ。

第3の選択肢って何よ。

それは『受け入れる』だ。結局、自分の行ないが自分に返ってきているのだと受け入れろ。そこからしか人生の巻き返しは始められない。お金を貸してくれるように母親を説得し直すとか、『契約更新時以外で月給の額を変えるなんて違法だ』と会社に文句を言うとか、詐欺教材の販売先を訴えるとか、そんなことは考えるなよ。

えっ、まさか、嘘でしょ？　このまま泣き寝入りしろってこと？　こんな悪徳業者を放置しろと？　不幸の原因をとり除くのが幸せになる道なんじゃないの？

すでに目の前で起きたことを怒ったり責めたりしても、何も変わらない。現実を受け入れろ。母親がお金を貸してくれなかったのもおまえのせい、会社が給料を減らしたのもおまえのせい。詐欺まがいの教材にひっかかったのもおまえのせいだ。

はあ？　何、言ってんの？　全部、私のせいじゃないでしょ。相手の問題じゃん。

今までそうやって目の前のできごとや相手に腹を立てたり責めたりして、いいことがあったか？　なら、なんでおまえは、ツイてない？　お金に苦労しているんだ？

う……、それはそうだけど……、でも……。

不運が続くのは、何かが間違っているからだ。今までのやり方でうまくいかないのなら、何か変えてみるしかないんだ。受け入れ難いことも、まずは素直に受け入れるんだ。これは上級者レベルの話だから、今のおまえにはまだ理解できないだろうな。だが、そのうちわかる時が必ず来る。

たこ星人の教え

- **自分がなぜ「不幸」なのか、不幸の理由を考えてみる**
- **「目の前の現実はすべて自分のせい」という事実を受け入れる**

お金がないのは引き算ができないから

目の前のトラブルは全部自分のせいだと言われても、とてもじゃないけど納得できない。明らかに不服そうな顔をしてため息をついた私を見て、たこ星人は呆れたように続けた。

なぜお金がないのか

とりあえず、今の今なんでお金に困っているかはわかるか？

そんなの、さっきあんたが言った通りでしょ。お母さんがお金を貸してくれないし、会社が給料を減らしてきたし、変な詐欺教材を売りつけられたからでしょ。それが全部私のせいだったとしてもね。

いや、おまえがお金に困っているのは今に始まったことじゃない。今までもお母さんにさんざんお金を借りてきただろう？　常にお金がないんだ。それはなぜだ？

（なんで私がお母さんにお金を借りていたことも知っているわけ？　……うざいな）そんなの、給料が安いからに決まっているでしょ。

違う。小学1年生で習う引き算ができないからダコ！　『収入―支出』という、サルでもわかる超単純な引き算すらできないから、こんな状況になっているんだ。

え!?　金運だの神様だの言っといて、急にそんな現実的なこと、言う!?

おいらは常に現実的だぞ。この世は数字でできている。数字を制するものが人生を制する。数字は数えて把握することでしか、改善することはできない。今すぐ全財産を数えてみろ。これから必ず給料日に全財産を数える習慣をつけなさい。そうすれば、いくら増えてるのか、いくら減ってるのか一目瞭然だ。どうせおまえはそんなこともしたことがないんだろ？

……（数字、数字って、数学者か投資家みたいなことを言い出したぞ）。

小学生の引き算くらいできるんだろ？

当たり前でしょ！

引き算は小学校で習うことだよな。なのに『収入―支出』の時だけ頭が働かなくなるのが、人間なんだ。今さえよければいい。自分さえよければいい。カードで買い物して支払いきれなくなったらお金を借りればいい。そうやって先延ばしにしているのは支払いそのものだけじゃなく、支払いに伴う『痛み』なんじゃないのか？

支払いの痛み……？

支払いの痛みを先延ばしにする人たち

詐欺やら儲け話は『これをやればお金持ちになれる』『幸せになれる』と、夢を見せてくるよな。その夢で支払いの痛みを帳消しにしようとしてしまうのがおまえみたいな人間だ。だが、問題の本質から逃げ出して、本当にやるべきことを実践していく痛みをごまかして生きている限り、金運は上がらないし、幸せにもなれない。

『収入―支出』の額を超えてお金を使っているという現実を、まずは認めるんだ。

収入以上に使っちゃうというのは、それはまあ、たしかにそうかも。足りなくなってもお母さんに借りればなんとかなるって思っていたところはあるよね……。

ついでにもう1つ言うと、これまでお金を貸してくれていたお母さんが貸してくれなくなったのはなぜだと思う？

生活が苦しいからでしょ。

それは違う。普段のお母さんへの接し方だよ、お金の問題じゃなくておまえの人間性の問題。そもそもおまえはお母さんだけではなくすべてにおいて感謝が足りなさすぎる。まずは今よりも、もっと優しいいい人になれ、信頼される人に。

……（たしかに、私の性格に問題はある。お母さんへの接し方、態度、まして感謝なんてしたことなかったから……そんな私にお金なんて貸してくれるわけないよなあ）。

今、おまえの人生で理由を何も聞かずにお金を貸してくれる人がいるかどうかは、その人の人間性をあらわすバロメーターでもある。おまえがお金を貸してもらえないのは、まったく信用されていないからだ。

たこ星人の教え

- **「収入ー支出」以上の金額を使おうとしない**
- **信頼されていない人間はお金を貸してもらえない。今よりもっと優しいいい人になる**

金運と宇宙の関係

初対面なのに遠慮なくズバズバ言われて、さすがの私もへこんできた。「間抜けなたこ面のくせして、偉そうなこと言うんじゃないわよ！」と言ってやりたかったが、生活習慣やお金にルーズなところなどはズバリ言い当てられた気がして、返す言葉がなくなった。うつむいた私に、たこ星人が様子をうかがうように語りかけてきた。

宇宙は因果の法則で回っている

なあ、あまりにおまえがおいらを信じないから厳しい現実を突きつけているけど、おいらが教えられるのはもっと上級のことなんだぞ？　人生を変え、金運を上げるのは、実はそんなに難しいことじゃない。この宇宙にはルールがある。それも、超シンプルなやつが。

え？　そうなの……？

どうせおまえ、宇宙とか、神様とか、信じてないだろ？　おいらのことも、まだ夢か幻だと思ってるだろ？　今日は初日のレッスンだし、あんまり深い話をしても理解できないだろうから、ここだけ理解しろ。さっきも言ったが、宇宙にはブーメランの法則があって、物でも現象でも、目には見えない祈り、感謝、憎しみの想念でも、自分が投げかけたものが、必ず自分に返ってくるようになっているんだ。

返ってくるって……何が、どうやって？

そのエネルギーに適った現実が引き寄せられるようにできていて、おまえに降りかかるすべてのことには、それを作り出している原因があるんだ。すなわちこれが『因果の法則』とも言われる宇宙の真理だ。

ああさっきの因果の話のことね？　原因と結果はセットってこと？

そう。宇宙はこの原因と結果の大原則で回っている。自分がしたことがすべて自分に返ってくる。超シンプルだろ。

え、そんなの当たり前じゃない？　お店で私が服を買おうとしてお金を払ったら服が手に入るわけで。行動したら何かしらの結果が出るのは当たり前だよね。そんなの宇宙の大原則っていうか、普通のことじゃないの？

これだから地球の人間は教育が必要なんだ。おいらが言っているのは物理的なことだけじゃない。むしろ、目に見えないもののことだ。言葉、感情、エネルギー。

はあ？　エネルギーって、そんな目に見えないもの、測りようがないじゃないの。

多くの人間はおまえと同じような思考回路で生きているから信じないんだ。目に見えないものも含めて、この宇宙は因果の法則で回っている。おまえが宇宙に投げかけたマイナスのエネルギーはすべておまえに返ってくる。人を責める言葉も、愚痴も、運気を落とす考えもすべて、エネルギーとして宇宙に届いているんだ。

自分が投げかけたエネルギーは自分に返ってくる

よくわかんないけど、私も人から嫌なことを言われたり、悪いふうに思われたりするってこと？　そんなの、生きていれば当たり前じゃないの？

返ってくる負のエネルギーが、感情や言葉以外の形となって現れるんだ。お金、もの、できごと。今、おまえに不運なトラブルが降りかかってお金がないのも、おまえが放ち続けてきた負のエネルギーが手を替え品を替え返ってきているだけ。

え、それってつまり、私が投げかけた目に見えない負のエネルギーが、実際のできごととして形になって返ってきてるってこと……？

そうだ。逆を言えば、宇宙に放ったプラスのエネルギーは、プラスの形で必ず返ってくる。なぜおまえにお金がないか。それは、おまえが喜びなどのプラスのエネルギーを宇宙に放っていないからだ。放ってないものは、返ってきようがないんだ。

なんかちょっとよくわかんないけど、目に見えないことまで含めたら、たしかにマイナスのことばかり言ったり思ったりしてきたかもしれない……。私、何も悪いことをしていないのに、なんで不運なんだろと思っていたけど、そのせいなの？

そこに気づければ、変わることもできる。変われば必ず人生は好転していく。臨時収入があったり、給料がアップしたり、出費が減ったり、日常生活のなかでお金に対してマイナス感情を抱かずに済むようになっていくよ。気になる漫画があったらアマゾンで全巻大人買いできるようにもなるさ。おいらがそこまで指導するから、素直に実践してみなさい。

たこ星人の教え

- プラスもマイナスも自分が投げかけたエネルギーが返ってくる
- 「因果の法則」を理解して、自分の行動を見直す

今すぐできる開運の第一歩

自信満々のたこ星人の言葉が、なんだか少し頼もしく思えてきた。今すぐにこのたこのことを心から信じるのは難しいけれど、今のどうしようもない状況を抜け出すヒントは得られるかもしれない。そんな私の胸中を見透かしてか、たこ星人がドヤ顔をして言った。

マイナスのことを外に出さない

おいらは人間の心のなか、読めるから。そこんとこよろしくな。

げっ。まじで。

おいらの言うことを素直に聞くと決めたなら、そうだな、とりあえず、今この瞬間からマイナス感情波動を放つのをやめようか。

えっ、何？　マイナス感情波動？

マイナスのエネルギーを放つなというのは初心者には難しいか。じゃあ、とりあえず、心のなかはマイナスのことを思ってもいいから、口に出すのと顔に出すのはプラスのことだけにしてもらおうか。

悪口や愚痴をやめろってこと？

ビンゴ！　そういうことだな。悪口、愚痴、文句、泣き言、心配、恨み言、妬みも禁止。人へ投げかける言葉も一緒だ。あと、ネガティブな表情、目つき、態度とマイナスな口癖は人生から抹殺ダコ。

え？　別に私、ネガティブな癖なんか思い当たらないし。

おまえ、さっきから何回ため息をついていると思う？　あと、イラッとした時に、いちいち舌打ちをしているぞ。なのに何かと『すみません、すみません』と異様にへりくだっているじゃないか。どれもネガティブな癖だ。今すぐやめろ。

（ええ!?　こいつ何者なわけ？　いったいいつから私のこと見てたんだよ――）……は、はい、わかりました。

全部聞こえとるぞ。おいらはたこ星人。人間とは違う特殊能力がいっぱいあるからな。おまえが生まれてから今までの生涯は、全部把握している。

（キモい、キモすぎる。心のなかを読まれているとしても、キモいと思う気持ちは止められない）……だけど、『すみません』っていう言葉は謙虚でいいんじゃないの？

本当に失礼なやつだな。まあいい。『すみません』が口癖の人は、それを『ありがとうございます』に言い換えたほうがいい。お互いに気持ちのいい言葉だよ。

ふーん。わかった。まあ、それくらいならやってみるよ。

素直が大事

お、素直になってきたじゃないか。素直じゃないと人生はうまくいかないからな。パナソニック創業者の松下幸之助の一番好きな言葉は『素直』だったな。

へえ、そうなんだ。

ここだけの話だけど、素直が大事とあいつに教えたの、おいらなんだわ。火鉢店に丁稚奉公に出された幼少期のあいつは、そりゃあヤサグレてたなあ。おいらに向かってこともあろうに『たこ焼きにして食っちまうぞ！』なんて吐いていたが、その後その火鉢店が火事になってな。まぁ大変だったけど、その後は素直に実践した結果、大成してよかったな。元気にしてるかなあ、あいつ。

（何言ってんのこいつ……デタラメ言うにもほどがあるでしょ……）いや、もうとっくに亡くなっていますよ、松下幸之助さん。

ややっ、そうか。そうだった？　……おまえの祖父君といい、幸之助といい、ほんと、人間の命って儚いよなあ。

……（どこまでがホントでどこからがウソか、わかったもんじゃない）。

まあ、いい。そのうち本当のことだとわかるからな。

たこ星人の教え

- 言葉や表情、目つき、態度を出すのはプラスのことだけにする
- 素直でいる

神様から応援される人になる

せっかく前向きに信じてみようと思い始めたところだったのに、よりにもよって実在したスーパー経営者の名前をあげて自慢話を始めたたこ星人に、私の気持ちは一気に冷めた。

しかし、そんな私の心のなかなど意にも介さぬ様子で淡々とたこ星人は言い放つ。

今すぐサブスクを解約せよ

さぁ、現実的なところに話を戻そうか。今日は寝る前に、絶対にやってほしいことがある。使っていないサブスクリプションを今すぐ解約すべし。

え!?　サブスク!?　なんで急に!?

クレジットカードの引き落としで首がまわらないような人間は、のんきにネットフリックスを見ている場合じゃねぇんだよ。

（急にドスのきいた声～、怖い～）ネトフリ、だめですか～？

だめだ。普段、使っているサブスクならまだマシだ。だが、おまえみたいなヤツはどうせ、契約したことすら忘れているものがあるはずだ、今すぐチェックしろ。

失礼ね。アマゾンプライム、アップルミュージックは使ってるよね。あ、こないだ契約したばかりの服のサブスクは、まあなくても困らないし、やめてもいいかな。

……書き出してみろ。おまえは全部で11個のサブスクを契約している。全部、書き出してみろ!!

ひぃっ、えっと、あ──っと、雑誌！　雑誌が読み放題のやつ。あとは、え──っと、あ、ちょっとクレジットカードの明細書と銀行の取引歴、見てもいい……？

使ってもいないサブスクを契約し続けているのはバケツに穴が開いているのと同じだ。いくらお金が入ってきても穴が開いていたらたまるわけがない。さて、おいらは早寝早起きだから先に寝る。明日の朝までに11個リストアップして、使わないやつは解約しておきなさい。

（えっ、たこ星人て寝るの!?　そこは人間と一緒なの!?）は、はい。

楽したがる人間を神様は応援してくれない

あと、新しい家探しもしてもらうからな。

えっ？　家って、誰の？　あんたの？

おまえのに決まっているだろう。言い忘れていたが、学校を卒業したら一刻も早く親元から自立するのは開運の基本中の基本ダコ。

え、でも、ただでさえカードの引き落としができないくらいお金なくて困っているのに、実家を離れて一人暮らしするなんて無理でしょ。

じゃあ、働け。追加でバイトしろ。日曜いでもなんでもあるだろ。楽してお金を手に入れようなんざ、愚の骨頂！　体を動かせ！　汗をかけ、汗を。

ちょ、ちょっと待ってよ。なんで一人暮らしすることが開運につながるのよ。

おまえな、神様の立場になって考えてみろよ。親の介護をしなきゃいけない状況だったり、家事や育児をして家族を支えている立場ならともかく、おまえみたいに、とにかく自分がお金を払わなくて楽だからという理由でいい歳して実家に居座り続けるヤツを、神様が応援したいと思うか？　おいらなら絶対にしないね。健気に頑張っている人間のほうをえこひいきするね。

でも、お母さんが一人暮らししてほしくないって……。

おい、誰の人生だよ。おまえの人生ダコ。おまえも親も、そろそろ精神的に自立することが最優先だ。

たこ星人の教え

- 使っていないサブスクは即解約する
- 事情がない限り、学校を卒業したら親元を離れて自立する

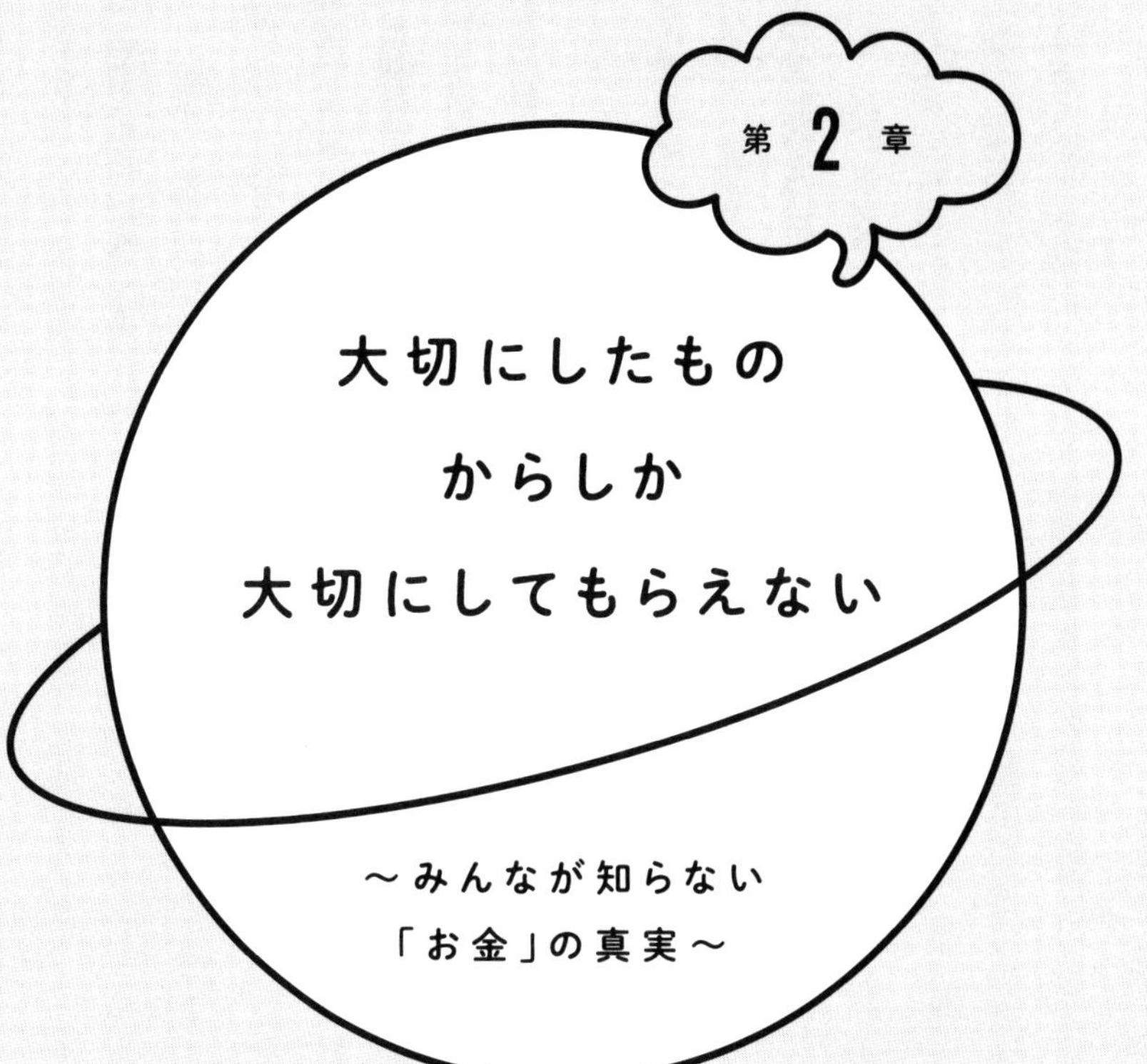

第2章

大切にしたもの からしか 大切にしてもらえない

～みんなが知らない「お金」の真実～

メタボ財布をスリムにせよ

悔しいけれど、たこ星人の言う通り、私が契約しているサブスクはたしかに11個あった。最初に思い出せた5つのほかに、占いサイトが2つ、動画サービスが1つ、スマホアプリが3つ。無料お試しで登録して、無料期間を終え、課金が始まってからもそのままになっているものもあれば、一度だけ使って解約し忘れていたものもあった。なんとか解約作業を終えた時は既に深夜になっており、そのままベッドに倒れ込んだ。

貧乏な人の財布のなかはお金以外のものがびっしり

おい、起きろ。

うわあっ、たこ!? ……もう朝？ そっか、あれは夢じゃなかったんだ……。

夢なわけあるか。無事にサブスクは解約できたな。

いやー、もう、すっごく大変だったんだから。解約ページが見つからないのなんの……って、まだ6時じゃん。あと30分、寝かせてよ。

だめだ。会社に行く前に、まずはおまえの財布を出してみろ。

え？　たしか通勤用バッグに入ったままに……、はい、これだよ。

……やっぱりな。財布が汚いうえに、メタボ財布じゃないか。パンパンだな。

ああ、レシートとか、ポイントカードとか、全部入っているからね。パンパンなのが全部お札だったらいいのにね〜なんて。

……出せ。今すぐ財布の中身を全部、出して広げてみろ！　そしてお金に謝れ!!

はあ!?　なんでそんなことしなきゃいけないの？　お金に謝るって、頭おかしいんじゃないの!?

ホントにおまえは何もわかっていない。しかしお金について詳しく話していたら会社に遅刻してしまうな。とりあえず、帰りに新しい財布を買ってきなさい。色は黄色かゴールドがいい。赤はご法度だ。

なんで赤はだめなの？

赤字にして財布のなかのお金を焼き尽くす。

怖すぎるんだけど！　もぉ。

お金とレシートや領収書を一緒にしない

引越せだの財布買えだの、結局、あんたはお金を使わせようとしてばっかりじゃん。全然、お金が入ってくる話をしてくれないじゃん。

だから金運を上げるようなお金の扱い方を教えてやると言っているだろ。まず、レシートや領収書は財布に入れたらだめだ。お金が出ていった証拠である領収書を入れていたら、お金が出ていくエネルギーがたまってしまうんだ。財布には、お金がたくさんある状態、または大金が入ってくるスペースがあることをデフォルトとして覚えてもらわねばならない。レシートなんか入れていたら、お金が出ていくことを記憶してしまうんだ。

財布はお金の家

じゃあもらったレシートはどうしたらいいのよ。

バッグのなかや服のポケットで十分だ。家に帰って整理しろ。必要に応じて、レシートを保管するクリアファイルでも、別で用意したらいい。

えー、そこまで徹底する？

言ってるそばから、素直さのカケラもないな。素直さが大事だと言っただろう。覚えておけ、財布はお金の家だ。お金がまた帰ってきたくなるような心地のよい状態に整えねばならない。入れていいのはお金とクレジットカードだけ。お守りを入れるなら1体まで。ごちゃごちゃと物であふれた家は居心地が悪いからな。

ポイントカードは？　いっぱいあるんだけど。

無理に捨てろとは言わない。ただ、ポイントカードで財布をパンパンにするのはだめだ。どうしても必要なものだけを残し、他は捨てるか、人にあげてしまえ。

たこ星人の教え

- **お金の家である財布は綺麗ですっきりした状態を保つ**
- **財布の色は黄色かゴールド。赤はご法度**

金運が上がる財布のルール

そろそろ出社の準備を始めなければいけない時間なのに、たこ星人の話は終わりそうもない。壁掛けの時計を見上げてソワソワし始めた私にチラッと目線をよこし、さらに続けた。

財布の値段は「ほしい年収の100分の1」

今日の帰りに買ってくる財布の話だけどな。色は黄色かゴールドの二択。本当はおまえが望む年収額の0を2つとった金額の財布を持つといいんだが……、一応聞くが、年収はいくらが理想ダコ？

え？　考えたことなかったけど、1千万円くらいほしい！

だいたいの人間は適当に1千万と答える。それなら、1千万の0を2つとって、10万円。おまえが持つべきは10万円の財布だよ。その出費がちょっと痛いくらいの額がちょうどいいんだ、お財布は。

えっ？　そんなの無理に決まってるじゃん！　財布に10万かけるとかありえないし。ていうか今、お金なくて困ってんのにそれどころじゃないでしょ。つーか、年収500万円希望でも5万円の財布ってこと⁉　いや、ムリムリムリムリ。

いろんな意味で今のおまえには無理だろうな。とりあえず、安くてもいいから新しいのを買ってきなさい。とにかくまずは、新しいお財布にすることが大事。あ、必ず長財布にするように。曲げ財布はお札を折ることになって失礼だからな。

わかりました！　ただでさえお金ないのに、あんた、ホントに散財させ屋だね。

お金が喜ぶ匂いがある

お金がないからこそ教えてやっているんだろう。あ、お金は伽羅（きゃら）の匂いが好きなんだよ。ネットショップならカードタイプの匂い袋が330円で売っている。これなら今のおまえでも買えるだろ？　お財布のお札のところに入れるとお金が喜ぶぞ。

（喜ぶも何も、匂いとか別にわかんないでしょうよ）はい、はい。わかりましたよ。

それと、新調した財布を使い始める時は最初に入れるお金の額が重要なんだ。財布は1番最初に入れた金額を記憶してそれをキープしようとする働きがある。昼休みにでも銀行へ行って、新券の帯付きの100万円をおろしてくるように。

は？　100万円？　持ってるわけないじゃない。5千円も入ってない、たぶん。

ため息も出ないな……。

うるさいよ。数千円でもいいなら、おろしてくるけど。

1円でも多いほうがいい。おろしてきたまえ。本当は、銀行で帯付き新札の100万円をおろしてきてお財布に入れて記憶させるのがいいんだけどな。使い始めてからも、持ち歩く金額は多いほうがいいんだけどな。まぁ、今は仕方ないから、あるお金を入れるしかない。いつの日か新調した財布に帯付きの1千万円を入れる日が必ず来る。ま、まだまだ先の話だな。

しつこくてうるさいたこは嫌われるよ。

ちなみに、お札はきちんと揃えて財布に入れるんだぞ。『お金が逃げないようにお札を逆さまにする』人もいるが、やめてあげてくれ。逆立ちなんて失礼だ。あと、1万円とほかのお札は財布のなかで分けて入れろよ。1万円はVIP扱いをして敬うように。神社やお寺でお賽銭を投げたり、お店でもトレーに小銭を投げるなんてもっての他だ。お金は大切に扱えよ。おまえもいっそ投げられてみたいか？

（おいおいおい、さっきからなんかお金を人間扱いするようなこと言ってんだけど……）へ、へえ、そうなんだ――。で、でもさ、お金を大切にしているように見えなくても、すごくたくさん稼いでいる人っていっぱいいるじゃない？

全っ然、信じてないな。まあいい。どんなに稼ぎが多くても臨時出費が多ければ金運がいいとは言えないんだ。本人も満たされていないはずだ。とにかく今日は預金を全部おろして、新しい財布を買ってくるんだ。クレジットカードで買えるだろ？

カードを使えば買えるけど、ただでさえお金が足りなくて困っているのに。

人間というものはみな『変わりたい』『お金持ちになりたい』と言うくせに、結局何も実践しないヤツが8割なんだ。心の奥底では現状に満足しているんだ。実際、生活は意外とどうにかなるものだからな。……だが、おまえは本気で変わらないとマズイんじゃないか？　今、本気出さなくていつ本気になる？

たこ星人の教え

- ほしい年収額の0を2つとった金額の財布を持つ
- お札は肖像の頭の向きを揃えて、1万円札と他のお札を分けて財布に入れる

お金を大切にすれば お金からも大切にされる

仕事帰り。ターミナル駅で乗り換えた足でファッションビルに寄った。雑貨屋さんを物色し、黄色がかったクリーム色の長財布を手にとった。1万円もしなかったがクレジットカードを出す手が震え、ため息をつきそうになったが、昨日の教えを思い出し、ぐっと飲み込んだ。

お金の労をねぎらう

お財布、買ってきたよ。言われた通り、黄色の長財布。

よし。じゃあ中身を入れる前に、邪気払いダコ。おお、今日はちょうど満月じゃないか。手持ちのお金と預金をおろしたものを全部並べて、月の光が当たる場所に一晩置いておくんだよ。

邪気って何?

見えないゴキブリみたいなもんだ。低級霊や魑魅魍魎（ちみもうりょう）ともいう。お金は常にたくさんの人間を巡っているから持ち主の邪念や執着がこびりついているんだ。それを払うのが邪気払い。日光のパワーが一番強力だけど、満月の時の月光浴もいいぞ。

は、はあ……。なんかお金って、目には見えないものが憑いてるんだね。霊とかよくわかんないけど、いろいろな人に触られて汚れているっていうのはわかるかも。

おい、失礼だぞ。お金自体が汚いんじゃない。邪気のせいで汚れてしまうんだ。執着やネガティブな感情、物理的な汚れがつくと、邪気まみれになってしまう。かわいそうだから綺麗にしてあげるんだ。小銭を磨くのも金運が上がるぞ。クエン酸を溶かした水につけて、少しおいてから重曹で磨くと驚くほど綺麗になるんだ。

（ええ、面倒くさ……）クエン酸も重曹もたぶんお母さんが買ったのがあるんじゃないかな。後で探してみるよ。あ、ていうか私、日雇いバイト始めるよ。新しいお財布を買っちゃったし、来月のクレジットカードの引き落とし、本当にやばいんだ。

いい心がけだな。日本は深刻な人手不足だからバイトはいくらでもある。

うん、たくさんあった。さっき帰りの電車のなかで検索してみたんだ。ウェブ登録と電話面接だけですぐ働けるようなのもいっぱいあったから、登録して、とりあえず明日と明後日の土日で交通誘導のバイトに行ってくる。あんたが現れて、あまりの衝撃に混乱していたけど、本当にお金のこと、どうにかしないとやばいんだよ。

おいらが来たからにはもう大丈夫。言ったことをちゃんと実践していればな。

呑気にそう言えるのは、あんたが人間じゃないからでしょ。私は生身の人間なんだよ。本当の本当に、まずいんだから。どれだけ金運ないんだって感じ。クレジットカードの引き落としができないと、ブラックリストとかに載っちゃうんだよ……。

お、おいおい、泣くなよ。大丈夫だって。……なあ、これまで金運がなかったのはな、おまえがお金を大切にしてこなかったからだ。だけど、大切にしたものからは大切にしてもらえる。おまえは今日からお金を大切にする。この毎日の微差の積み重ねで絶対に金運はよくなる。知っているか。お金にも意思があるってことを。

お金は「自分が何に使われたか」を気にしている

えっ!? お金にも感情があるの!?

そうだ。お金に限らず、ものにはすべて魂がある。自分がどう扱われたか、何に使われたのかを覚えているんだ。お金は寂しがり屋で、おしゃべりでもある。そうだ、お札には性別もあるぞ。小銭にはないけどな。

そ、そうなの？　ちなみに、お金ってどう扱われたいわけ？

人間と一緒。大切にされたい。大切にしてくれる人のところへ行きたい。で、一番好きなのは『人を喜ばす』ために使われることだ。嫌いなのはギャンブルに使われること。そして、お金を払えばレジや相手の財布や自販機のなかへと入る。そこではお金同士がおしゃべりするんだ。『こういう使われ方をして、どこどこから来ました』となる。『誰々にギャンブルに使われちゃって、最悪』『うわ、その人のとこ、絶対行きたくないな』ってお金同士で情報交換するわけだ。

じゃあ、もしかして、私がお金を大切に扱えば私のところに来たがるってこと？

その通り。お金を生き物と思って真剣に向きあってみろ。人生が大きく変わるぞ。

たこ星人の教え

- お金の労をねぎらい、綺麗にしてあげる
- お金を意思を持った生き物だと思って大切に扱う

「想い＝エネルギー」をお金にのせる

普段はのんびり休んでいる土日に働くのは、正直かなりしんどかった。明日からまた会社だと思うとうんざりする。だけど、呑気なことばかり言っているたこ星人をあてにして何もしないでいたら、本当にブラックリストに載ってしまうだろう。背に腹はかえられないのだ。

お金に話しかけて感謝する

おうおう、お疲れさん。どうした、ぼーっとして。それ、バイトでもらったお金か。そうか、給料を日払いしてもらったんだな。

うん、これが昨日と今日頑張った分だと思うと、なんだか感慨深くて。いつもお給料は口座に振り込まれるから、実際にもらったお金のことをこんなにまじまじ見つめたことって、最近なかったなーって。

どうだ、ありがたいものだろ？

うん、一昨日買ったお財布代も、これでまかなえたからよかったなって。それに、例の詐欺教材の15万円の支払いの一部にもあてられるし、少し気が楽になったかも。……って、まだまだ全然足りないんだけどね。

そういや、まだお金のことで教えてないことがあったわ。お金には話しかけてあげるといいんだ。

え、なんて言えばいいの？

生き物だと思って大切に扱えと教えただろ？　使う時は『ありがとう、いってらっしゃい』、お給料やおつりでもらった時は『おかえりなさい』って言うんだ。

え、人前でそれ言うの、ちょっと頭のおかしい人だと思われそうなんだけど。

『ありがとう』は、レジの人が言われたと思って喜んでくれるから問題ない。まあでも、人が周りにいる時は心のなかで言うだけでもいい。大事なのは、お金に感謝の気持ちを持つこと。キャッシュレス決済の時も同じだよ。

一昨日、あなたが『お金に謝れ！』って怒ったじゃない？　あの時は『意味わかんない』って思ったけど、今はちょっとわかるかも。私、お金のこと、全然大切にしていなかったよね。こうやってお金を稼ぐことのありがたみを感じたことって、今までなかった気がする。

なんだ、おまえ、最初は『ガチでどうしようもないヤツ』って思ったけど、意外と筋がいいじゃないか。さすが、あの祖父君の孫娘ダコ。

おじいちゃんにも、小さい頃、『お金は大切に使いなさい』って言われたことがあったよ。おじいちゃんにもらうお年玉も当たり前だと思って、ちゃんと感謝できていなかったな。お金にも、おじいちゃんにも、悪いことしちゃったかも。

お金にのせた想いは巡り巡って自分に返ってくる

お金も運も、エネルギーが具現化したものなんだ。使う人がどんな気持ちをお金にのせるかは、全部お金に伝わる。そしておまえのエネルギーをのせたお金は、人から人へと渡って世界に広がっていく。初めて会った日に『宇宙は因果の法則で回っている』って言っただろ？ どんな想いでお金を使ったかもエネルギーとして宇宙に放たれて、おまえのところに必ず戻ってくるんだ。

ふうん。そんなもんなのかな。まあでも、これからはもう少しお金を大事に、感謝の気持ちを持って使おうと思ったよ。それにしても、昨日と今日もらったこのお札、ボロボロなんだよね。小銭もよく見たらすごく汚れているし。お金ってずっと人間の手から手へと移動しているんだもんね。私、一昨日、小銭を洗う方法を教わったまま何もしていなかったよね。ちょっと洗ってこようかな。

ずいぶん素直になったたな。ピンチはチャンス。切羽詰まった時に人は変われると言うのはやっぱり真実だな。おいらも来たかいがあったわ。かっかっか。

……（すぐ調子にのるんだな、このたこは）。

たこって言うな。星人をつけろ。ただのたこじゃない。そうだ、ボロボロのお札はアイロンをかけてあげるとシワがのびて綺麗になるぞ。毎日お札にアイロンをかけて小銭を洗っている弁当屋さんで、ずいぶん繁盛しているところがあると聞いたことがある。おまえもやってみたらどうだ？　あと、小銭を洗うだけじゃなくて、温泉のもとを溶かしたお湯に入れてあげるのも喜ばれるぞ。『こんなに大事にしてもらったこと、ない！』っておまえの大ファンになるだろうな。

温泉のもと、探してみるわ。

たこ星人の教え

- **「ありがとう」「おかえり」とお金に話しかける**
- **お金によい「想い＝エネルギー」をのせる**

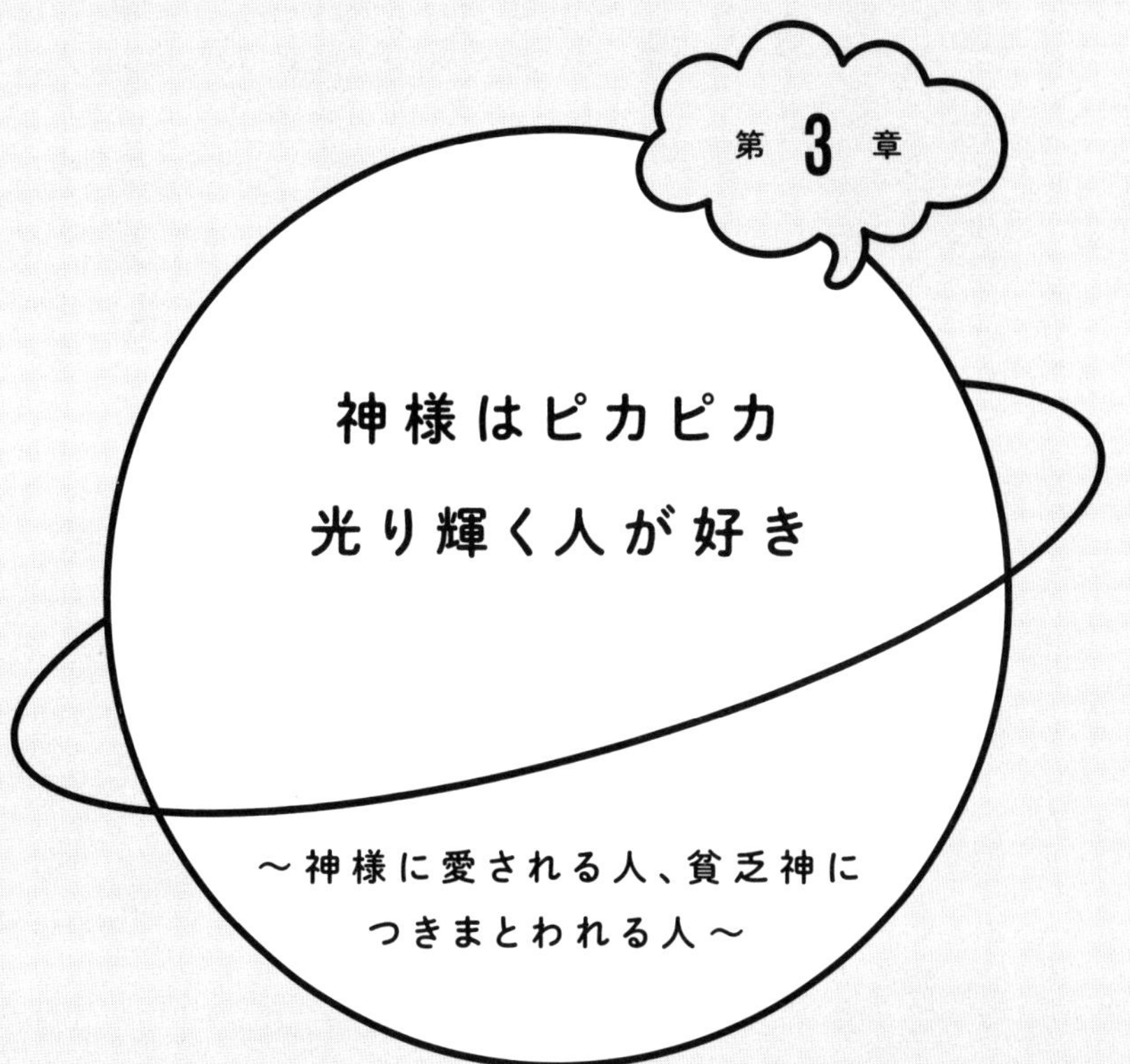

第3章

神様はピカピカ光り輝く人が好き

～神様に愛される人、貧乏神につきまとわれる人～

物を減らすと運がよくなる

これまでの私だったら「お金がない」という現実から目を背けていたかもしれない。「まだ大丈夫」「そろそろまずい」という感覚だけでカードでの買い物を続けていただろう。だが、今度ばかりはそういうわけにもいかない。日雇いバイトで疲れた体に鞭打って、私はスマホの電卓機能を立ち上げ、スケジュール帳を開いた。次回のクレジットカードの支払い日と引き落とし予定額を確認し、メモをした。出勤日数をふまえてお給料がいくら振り込まれそうかも計算してみる。お給料と手持ちの現金とで足りない分はなんとしても捻出しなければならない。計算の結果、次の引き落としまでの土日すべてと、会社に休んでいいと言われている平日の数日全部、さらに会社のある平日の夜も追加で数日、日払いのバイトを入れることに決めた。睡眠不足になるだろうし、休みもなしだ。だけど、やるしかない。もう二度とこんなことをしなくてもすむように、これからはちゃんと「収入―支出」の範囲でお金を使うようにしようと心に誓った。そう、私には後がない、どんなことしてでも人生を変えてやるんだ。

引越しは運が100%

ところで、引越しのことも忘れずに考えるんだぞ。

（げっ、すっかり忘れてた）あのさ、正直言って、来月のクレジットカードの支払いをトントンに終えるのに精一杯で、引越しどころじゃないよ。それに、最初に言われた時に賃貸サイトを検索したけど、全然いい物件なんか見つからなかった。家賃も高いし、敷金やら礼金やらもかかるんでしょ。合計したら何十万の世界じゃん。

引越し業者への支払いや、家電と家具代もかかるぞ。

そうだった。やっぱり今すぐは絶対に無理だよ。

物件探しはタイミングが大事だ。物件が見つかり次第すぐに動けるように準備しておけ。1つ法則を教えてやる。準備なき者には一切の介入をしない。準備ができていない人間を神様は応援してくれない。そんなわけで部屋の片付けを始めるぞ。

は？　なんで部屋の片付けが準備になるの？　お金を貯めるのが先じゃないの？　私、引越し資金を貯めるためにも、もう少しお給料のいいところに転職しようと思っているんだよ。今の会社にいてもお給料は上がりそうもないし。このままずっとバイトを続けるのも体力的に厳しいからさ。

そりゃちょうどよかった。転職活動をするなら、部屋の片付けは絶対にプラスにしかならない。

スペースをあければ新しい物が入ってくる

どういうこと？

『いい物件がない』『転職活動をする』ってさっきおまえが言っただろ？ 引越しも転職も、運が99％なんだ。

残りの1％は？

残りの1％も運。

全部じゃん！

当たり前だろ、いい物件やいい仕事と出会えるかどうかは、おまえの『運次第』なんだ。どうせクローゼットのなかも財布と一緒でパンパンなんだろ。この部屋だって、いいかげん、散らかってるもんな。

失礼ね。どれも全部私の宝物よ。

あのなあ、スペースを作らないと新しいものは入ってこれないんだ。だいたい、物が多すぎる。床面積がないに等しい。引越す前に全部捨てるぞ。

は!? 全部捨てるわけないじゃん! 推しのグッズは私の命なんだから。

ほんとにおまえは面倒くさいヤツだな。まあ、おいらは、強制はしない主義でな。運気を上げたいと思うならやればいいし、上げたくないならやらなければいい。

……わかった。やればいいんでしょ。だけど全部は捨てないからね。

たこ星人の教え

- 運気を上げることがいい物件や会社との出会いを引き寄せる
- 新しい物が入ってこられるように、まずはスペースを空ける

貧乏神は臭くて汚いのが好き

「さあ手始めに服の整理ダコ。クローゼットの扉を開けるぞ。たぶんいるぞ、あいつが。そらっ！」という掛け声と共にたこ星人の眼が鋭く光ったかと思うと、バーンとクローゼットの扉が全開した。たこ星人は念力も使えるらしい。

クローゼットに詰め込まれた服の隙間から覗く両目と視線があった私は「ヒィッ」とのけぞった。浮浪者のような身なりをした小柄な老女が、そこにいた。

貧乏神は臭くて汚くてジメジメしたところにいる

ちょ、ちょ、ちょ、ちょ、あ、あんた……、いや、あなた、どちら様ですか!?

はい、おつかれさん、貧乏神の嫗(おうな)さんよ。

はいい～？　え、このお婆ちゃんが貧乏神!?

ずいぶんとまぁ、長いこといたようだな。おいらが来る前から、いや、クローゼットへのこの馴染み具合からいえば、おまえがこの家に来た時からいたな。

そっ、そんな。だって、昨日までいなかったよ。今朝だって着替えた時はいなかったし。

そりゃあ、普通の人間には見えないからな、貧乏神は。おまえ、目に見えないものは信じないダコ？　おいらの特殊能力で今、見えるようにしといた。

そりゃどうも……って、ちょっとショックなんだけど。

行ないが先か、貧乏が先か

……ま、まさか、私がこんなにお金がないのって、この貧乏神のせいなの!?

おまえの行ないが貧乏神のお眼鏡にかなって、ドストライクだから憑いてるのかもしれないし、憑かれているからこそ不運なんかもしれんし。

もういいよ、とにかくどうにかしてよ、この人。ずっとここにいられたら、私、いつまでたっても金運なんてよくなりそうもないし。

貧乏神は臭くて汚くてジメジメしていて、使われないものがあふれたところが好きだな。ここから出たくないみたいだぞ。

わかった、わかったよ、ちゃんと片付ける。ものを捨てるから！　お願いだから追い出して！

出て行くかどうかを決めるのはおいらじゃなく、この貧乏神なんだよ。ほら、居心地がよさそうな顔してるだろう？

……おじいちゃんに言ってやるから。

は？

目に見えないエネルギーも宇宙に届くんでしょ。たこ野郎がちっとも貧乏神を追い出してくれなくて困ってるって、天国のおじいちゃんに訴えてやるからね――!!

おい、やめろ。あの人をわずらわせるなよ。……仕方ない、今回だけ、特別だぞ。追い出す方法を教えてやるダコ。味噌。フライパンで味噌を焼け。いい匂いがし始めたらそのフライパンを貧乏神の前に持ってきて、うちわであおげ。貧乏神はな、焼き味噌が大好物だから、その匂いでおびき出せ！　つられて出てきたら、そのまま外へ誘導しろ。何か大きな葉っぱや木の枝とかに、その焼き味噌を乗せて、川に流すのでもいいぞ。貧乏神は喜んで、そのまま一緒に川に流されて、どこかに行ってしまうはずだ。

いいこと知ってるじゃん！　ありがとう！　たこちゃん♡

……たこちゃんって、おいらのことダコ？　徹底的に片付けて、二度と貧乏神が帰ってこられないようにしないと、必ずまた戻ってくるからな。追い出したすきに一気に片付けるんだぞ。

えっと、冷蔵庫に味噌あったかな。あ、焼き味噌を載せる発泡スチロールは台所にあったはず。すぐに追い出してやるんだから。

たこ星人の教え

- 臭くて汚くてジメジメした場所は貧乏神を引き寄せる
- 片付けこそが運気を上げる秘訣

人生は二択しかない。もったいないをとるか運気をとるか

急いで焼き味噌を作り、台所にあった発泡スチロールのトレーを半分に切った上に載せ、クローゼットの前に持ってきた。するとそれを待ち構えていたかのように、貧乏神がよだれを垂らし、ふんふんと鼻をならしながら這い出てきたので、そのまま玄関へ誘導し、家の前にあった側溝の蓋の隙間からトレーに載っている味噌玉をねじ込んだ。貧乏神はしゃがんで隙間を覗きこんだかと思うと、側溝に沿ってはいつくばって進み始めた。その世にもおどろおどろしい姿は私にしか見えていないとは言え、異様すぎる光景である。急いできびすを返し、一目散に家に駆け出した。

手放すのが「もったいない」の呪い

さすがにあんな貧乏神の姿を見せられたら、片付けないわけにはいかないよね。それにしても、いつの間にこんな衣類がたまっていたんだろう。服が多いなあ。

多すぎるんだ。こんなにあっても絶対に着ないだろう。

でも、これもまだ着られるし、これはあまり着ていないけど高かったから捨てるのはもったいないし……。あ、これ、ウエストサイズが小さかったんだよね。

みんな、『いつか着る』『痩せたら着る』と言う。だが、その『いつか』は来ない。安心しろ、おまえは痩せない。

失礼ね！

スペースをあけないと新しいものは入ってこられないんだって。つい最近買ったばかりの綺麗なもの以外は全部、捨てちまえ。

なんでそんなもったいないこと言うのよ！　第一、物を大事にするのはいいことでしょ。むしろ運気が上がるんじゃない？

勘違いするなよ。使いもしないものをためこむのは大事にしているとは言わない。

物は使われないと恨みのエネルギーを発する

おまえに真実を教えてやろう。何にでも魂があると言っただろ？　服もな、着てもらえないと恨みを持つんだ。

えっ？

恋愛にたとえるとわかりやすいかもな。『あの頃はあんなに愛してくれたのに、今は私には触れてもくれない。違う人（服）ばっかり相手にして』『いつ来て（着て）くれるの？　もう何年も待たされているぞ。考えてみろ。『いつか』『そのうち』って言って、何年もほったらかされたら、相手はどう思う？

恨みますね。もはやそれはつきあっているとは言えないというか。

だろう？　このクローゼットのなかの服は、そんな状態なんだ。そんな大っ量の恨みのエネルギーを浴びて、人生がよくなるわけがないダコ。

服にも魂があって、感情を発するのかどうかはさておき、たしかに、着るかわからないものをずっとしまい込んでおくのはかわいそうなのかも。だけど、捨てるのはなんか余計に申し訳ないっていうか。

捨てるのは罪悪じゃない。ちゃんと別れてあげれば相手は次の恋人を探しに行ける。物はきちんと捨ててあげれば、生まれ変わってまた別の物に魂を宿せるんダコ。そっちでまた新しく可愛がってもらったほうが幸せなんだ。

う、たしかに……。だけど、やっぱりなんか申し訳なくて。こんなに簡単に物を捨てたら罰があたりそう。

神様の使いのおいらが大丈夫と言うのだから問題ない。なんだ、おまえ、ものがないと不安なのか？

それもあるかも。ぎっしり詰まっているほうがなんか安心するかも。

それは心の余裕のなさからくる不安ダコ。運気が上がって余裕が出てきたらまた考えも変わるんだ。それに、そんなにもったいないと思うなら誰かに譲るという手もあるんだぞ？　綺麗だけどサイズがあわない服や飽きてしまったバッグなんかはふりまあぷりとやらに出品したらどうだ？　少しはお金の足しになるし。

フリマアプリね！　前に使ったことある。出品は面倒くさくてやったことがなかったけど、せっかくアカウントがあるし、出品してみようかな。

たこ星人の教え

- 使っていないものは徹底的に手放す
- 捨てるのが惜しいなら人に「譲る」

感謝の気持ちを込めて手放す

気をとり直して、私は改めてゴミ袋を手にとった。たこ星人の言うルールに則って片付けるのなら、相当な量のものを手放すことになりそうだ。

捨てる時は「ありがとう」の気持ちを伝える

確実に着るもの以外は捨てる。まだ綺麗な物はフリマアプリに出品する。だけど、こんなに簡単に手放しちゃっていいの？　本当に恨まれない……？

大丈夫だって。使わないのに持っておくより、よっぽどいい。『ありがとう』と感謝の気持ちを伝えれば問題はない。自治体のルールに則って普通に捨てたまえ。

わかった。ところで、今教えてもらったことって、服だけじゃなくて他のものも全部そうなの？

そう、バッグも靴もぬいぐるみも小物も、おまえがためこんでいる推しグッズも全部そうだ。

推しグッズは絶対に1つも手放さないからね！　私の命だって何度言ったらわかるのよ。

ま、強制はしないけどな。でもな、『もったいない』『絶対に捨てない』なんていうのは、ただの執着ダコ。執着は運気を下げるだけ。おまえがこの先もっと運気を上げてステージアップしていこうと思ったら、いつかはその執着も手放すことになるからな。

ふん、余計なお世話よ。大事にしているんだから、いいのよ。

本当に大事にしているなら、綺麗に整理して飾っておけ。そういうものまで捨てろとはおいらも言わない。

片付けは自分ができる範囲で

そうだ、ねえ、捨てるのって私の部屋のものだけでいいの？　知っていると思うけど、うち、お母さんも物を捨てられないタイプだから、他の部屋もけっこう散らかっているんだよね。

人と一緒に住んでいる場合は、自分ができる範囲でやるのが大前提ダコ。家族のものを勝手に捨てると揉めやすいからな。『捨てろ』と強制するのもだめ。運気エネルギー、貧乏神なんて言っても伝わるわけがないからな。頭がおかしくなったと思われるのがオチだ。

おかしいと思われるという自覚はあるんだね。

当たり前じゃないか。おいら、たこ星人だぞ？　人間のことは知り尽くしとるわ。言うまでもないと思うが、おいらの姿も今はおまえにしか見えない。おいらが『この人』と決めてサポート中の間だけ、見えるんだ。

でしょうね。そうだと思ったよ。あーあ、今までの私だったら目に見えないもののことなんて絶対信じなかったけど、こうやって実際に見せられたら少しは信じるしかないっていうか。

目に見えないものを信じられるようになったら、人生は変わる。だが、人間は3次元でしか物を考えない生き物だからな。利便性ばかり求める生き物は運気なんかに興味は持たない。だから争いばっかりして一向に地球が平和にならないんダコ。神様も、それはそれは憂いていらっしゃる。だからおいらたちたこ星人がこうやって派遣されてきているんだ。

目に見えない世界ねえ。

おまえが変われば、その背中を見て周囲の人間も少しずつ変わる。楽しみにしていろ。ちなみに、引越しをするならスーツケース1個で行けるくらいまでコンパクトになるのが理想なんだぞ。

いやいや、スーツケース1個だなんて、無理に決まっているでしょ。

無理ではない。実際にそういう生活をしている人もいる。ま、おまえにはまだまだ先の話かもしれんがな。

たこ星人の教え

- 物を捨てる時は「ありがとう」と感謝の気持ちで手放す
- 同居人がいる場合の全捨離は自分ができる範囲で行なう

見目美しい人を神は好む

たこ星人に励まされながら、私はクローゼットのなかの服やバッグを次々とゴミ袋に入れていった。そびえ立つ山のごとく鎮座していた大量の服やバッグも、「捨てる」と決めてとりかかるとどんどん手放せるようになり、最後にはほんの小さな山となった。

安くてもいいから新しい物に買い換える

あれ、私、明日から着る服が足りなくなるんじゃない!?

じゃあ、新しい物を買えばいい。

え――――!! またお金を使わせる気!? 勘弁してよ。服って高いんだよ。

多少の出費は運気を上げるための必要経費。プチプラブランドでいいんだぞ。ジーユーとやらがあるだろう。あそこなら上下買っても5千円もいかんだろう?

ああ、GUね。あそこなら安いけど。そもそも、安物を身につけて、本当に運気って上がっていくの？

一番大切なのは清潔感

安くてもいい。大事なのは、新しくて清潔なものを身につけることだ。古い物、汚れた物は運気を下げる。

だけど、何着も買ったら、いくらGUとはいえそこそこお金がかかるんだけど。

3セットも買えば十分だろう。洗濯をすればいいんだからな。お金がないなら手をかけろ。楽しようとするな。

……（まあ洗濯するのはお母……）。

自分でやれ。

はあ、ホント、あんたが来てから私、忙しすぎるんだけど。

ため息禁止だと言ったよな。

あ！　はい、すみません。

『すみません』も禁止と言っただろう。

……教えてくれてありがとうございます。

やっと素直になってきたダコね。

神に愛される人は髪と肌に艶がある

あと、身なりのことでいうと、もう1つ開運ポイントがある。神様は、光輝くものがお好きである。

そうなの？　たしかに世界中の神様系のものって金ピカのものが多いよね。

そうダコね。よって、髪にも肌にも爪にもツヤのあるピカピカした人間がお好きなんだよ。運気のいい人間は何もせずとも自然と艶やかになるものだが、そうでない人間は自ら演出せねばならない。

へえ。艶ってどうやって出すの？

化粧用のオイルでもなんでもあるだろう。それを塗るんだ。艶が出ればいいから、何もなければサラダ油でもいいぞ。

……椿油や馬油にしときます。あとでドラッグストアに行って、買ってくるよ。

たこ星人の教え

- 安くても新しくて清潔感のあるものを揃える
- 髪、爪、肌に艶を演出する

第4章 トイレ掃除は最高の開運トレーニング

〜まず始めるべきはトイレ掃除〜

トイレには神様がいる

私の部屋からゴミ袋がいくつも運び出されるのを見たお母さんが「捨てるの？　それ」と声をかけてきた。喧嘩して数日経つが、よそよそしいままだ。「そうだよ、私、一人暮らしするし」と得意げに言い放ったものの、（まだ目処はたっていないんだけどね）と心のなかで肩をすくめていると案の定、「無理でしょ、一人暮らしなんて。家事もろくにしたことがないくせに」と返されて、またイラッときた。「私の人生なんだから私の勝手でしょ。邪魔しないでよ」と言い捨てて、私はゴミ袋を抱えてプンスカしながら、ガレージへと立ち去った。

トイレ掃除は最高のメンタルトレーニング

おうおうおう、喧嘩か？

喧嘩じゃないわよ。

争いは運気を下げるぞ。マイナスの波動を出したらだめって言ったよな?

相手が嫌なこと言ってきた時に言い返すのもだめなの? 理不尽じゃん。

因果の法則を思い出せ。目の前で起きていることはすべておまえの蒔いた種、原因はおまえが作ったものなんだ。

何よ、それ。お母さんのことまで私の責任にしないでよ。

まあまあ。おまえはもうちょっとメンタルをトレーニングしたほうがいいな。とりあえず、今日はいい方法を教えてやる。おいらの知る限り、最強の開運法ダコ。

そういうのがあるなら先に教えてよ。何?

トイレ掃除だ。

は? なんでトイレ掃除が最強の開運方法なのよ。そんなのただの家事でしょ。

成功者はトイレ掃除をしている

おまえ、知らないのか。ビートたけしも和田アキ子もトイレ掃除でのし上がったんだ。スポーツの強豪校や仏教系の学校でもトイレ掃除の重要性を教えるそうだし。

ダウンタウンの浜田雅功も、全寮制の高校でトイレ掃除を叩き込まれたらしい。元政治家でコメンテーターの杉村太蔵は、清掃会社でトイレ掃除をしていて証券会社にスカウトされたのがきっかけで政治家になったんだぞ。芸能人に限らず、例の松下幸之助やホンダの創業者の本田宗一郎なんかも、トイレを綺麗に保つことや掃除を大切にしているんだ。

えーホントかなぁ？　でも、どうしてなの？

家のなかで一番汚いのはトイレ。大切な場所だが、率先して掃除をしたがる人は少ない。そのトイレをピカピカに磨き上げることでおまえの霊性は高まるんだ。まぁ理屈で説明してもわからないだろう。だが、おいらの理由はシンプル。トイレにはな、烏枢沙摩明王様（うすさまみょうおうさま）という不動明王様の化身がいらっしゃるんだ。

トイレにいるのは烏枢沙摩明王様

う、うす、さま……？　舌をかみそうな名前だね。それ、誰？

むむっ、失礼ダコ。烏枢沙摩明王様とは密教の経典に書かれている神様で、炎を司っている。トイレというのは家のなかでも一番汚れやすい場所だ。その不浄を炎の力で焼き尽くしてくれるありがた～い神様なのだ。この世の不浄を転じて清浄にする力をもつ開運の神だぞ。玄関や台所も大事だが、まずはトイレが最優先なんだ。

なんかよくわかんないけど、トイレに神様がいるなら見せてみてよ。

見せられない。

なんでよ？　貧乏神は見せてくれたくせに。

いないものは見せられない。この家のトイレにはいないんだ。なぜなら神様は皆、綺麗好きだ。おまえの汚いトイレに烏枢沙摩明王様がいると思うか？

嘘でしょ。うちにだけいないの!?

普通は1トイレに1体、おいでなさる。分身の術でな。だが、汚いトイレにはいない。烏枢沙摩明王様のいない家は運気が下がる。家族の不仲、事故、病気、お金のトラブルなどに見舞われるんだ。

……（思い当たることがありすぎる）。

安心しろ。綺麗にすれば戻ってきてくださる。故郷の川に舞い戻る鮭のようにな。

たこ星人の教え

- **トイレをピカピカに掃除して開運するためのメンタルを整える**
- **トイレには烏枢沙摩明王様（うすさまみょうおうさま）という不動明王様の化身がいる**

「一番ほしいもの」が手に入る

私はたこ星人に言われるままにトイレ掃除をすることになった。もう夜もずいぶん遅い。今日はバイトして、さらに帰宅したら休憩なく、クローゼットの片付けをした後の体に強烈な睡魔が襲ってきた。一方でたこ星人は嬉々として、次のような流れでトイレ掃除を進めろと指示してきた。

・トイレはできる限りものを置かないことが鉄則。収納のなかの物を一度全部出す
・天井↓換気口↓壁↓便器↓床の順に、かたく絞った雑巾で拭く
・収納のなかも綺麗に拭き、不要なものは処分する

ストックを買い込みすぎない

トイレのなかまでパンパンだな。ストックを買い込みすぎなんだよ。

私が買ったんじゃないし。お母さんだし。

どうせ一人暮らしを始めれば、おまえもこのトイレをそっくりそのまま再現するんだろ。いいか、何度でも言うが、どこの収納でも半分以上のスペースをあけておかねばならない。そうじゃないと新しい物は入ってこられない。あ、そこ、換気口も忘れずに拭けよ。ホコリだらけだ。ホコリは邪気の大好物だからな。

見えないゴキブリ……低級霊だったっけ？

そう、ホコリを一掃して邪気のない綺麗なトイレにすると直感が冴えてくるぞ。なんせ、トイレは宇宙とつながっているからな。トイレの排水溝は下水じゃなくて宇宙につながるパイプなんだ。

トイレは宇宙とつながっている

トイレが宇宙につながっている……？　ちょっと突拍子がなさすぎない？

まあ、最初は半信半疑でもかまわない。やり続ければいつか必ずわかる。逆に言えば、トイレ掃除はやってみないと絶対にわからない。

何がわかるの？

トイレ掃除が奇跡を呼び寄せるってことを、だよ。トイレ掃除と烏枢沙摩明王様のパワーをなめたらいかん。トイレを制するものは人生を制する。

トイレ掃除でほしいものが手に入る

奇跡って、いいことがあるってこと？

どんなご褒美があるかは烏枢沙摩明王様が決めることゆえ、誰にもわからない。ただ、トイレ掃除をするとその人が一番ほしいものが手に入るのはたしかだな。

じゃあ、私の場合はお金だな。

クレジットカードの引き落としで首がまわらないおまえの場合はそうかもしれない。ただ、その人が一番求めているものを本人が自覚しているとは限らない。烏枢沙摩明王様がくれるのは、その人の『魂』が一番ほしがっているものだ。人によってはお金やものではなく、ご縁や使命など、目に見えないもののこともある。

目に見えないって……、そしたら、何をもらったか、わからないじゃない。

目に見えなくても、その時がくれば絶対にわかる。『これが本当にやりたかったこと、探し求めていたことだ』とな。それくらい別格なご褒美がもらえるんだよ、トイレ掃除っていうのは。ただし、やり続けることが必要なんだ。

たこ星人の教え

- トイレにあるものを一掃し、徹底的に磨き、拭き掃除をする
- トイレ掃除をすると、「魂」が一番求めていたものを与えられる

神様の「エコ」ノート

それ以来、朝起きてトイレに行った後にそのまま掃除をすることを日課にした。毎日やるなんて面倒くさいと思ったが、一番億劫だったのは初日で（汚れていたから2時間もかかった）、あとは維持するだけだから1日5分くらいのものだ。毎日掃除していれば汚れはたまらず大掃除はいらない。ただ、今のところ何の変化も感じられない。賃貸サイトに希望条件を登録し、希望にあった物件があったら通知が来るように設定しているが、ほとんどこない。転職活動も数社にエントリーしただけで進んでいない。休みなく会社とバイトに行っているので（参加予定だった推しのイベントもバイトがあるので泣く泣く諦めた）、体も辛くなってきた。つい「ああ、疲れた」と声が漏れた。

「疲れた」を別の言葉に言い換える

はい、『疲れた』も当然禁止ダコ。

疲れた時に疲れたって言って何が悪いのよ。

お、荒れとるな。休みなく働いているから無理もないな。だが、『疲れた』と言うと運気が下がるぞ。『疲れた=憑かれた』だよ。邪気にとり憑かれている状態だと自ら宣言しているようなものだ。

げっ、邪気。でも、じゃあなんて言えばいいの？

そうだな、おいらが前に見ていたヤツは『最高』とか『ありがたい』とか『充実している』って言っていたな。前向きな言葉ならなんでもいいんだ。『疲れた』のかわりの言葉を自分のなかで決めておくといい。

ええ……。じゃあ、最高……。最高に最高な状態だよ、私……。

いいじゃないか。最高でよかったな。

弓矢の法則

（全然スッキリしない……）ていうか、毎日トイレ掃除しても全然いいことないんだけど。奇跡なんて起きないじゃん。詐欺だよ。トイレ掃除詐欺。

あっ!!

えっ?

おまえ……やっちまったな。せっかく1週間続いたのに、台なしだ。

え、どういうこと?

言っていなかったか? 弓矢の法則の話。烏枢沙摩明王様からのご褒美は、積み重ねた回数と時間の経過に比例して大きくなるんだよ。

どういうこと?

弓矢を引くのをイメージしてみろ。弓に矢をつがえて後ろに引けば引くほど矢は遠くまで飛ぶ。おまえがトイレ掃除する度に毎日少しずつ矢は後ろに引かれていたんだ。だが、一度でも文句を言ったり疑うことを言ったりすると、リセットされる。弓はまたゼロから引き直しだ。

え――――! それを先に教えておいてよ!

だから、マイナスな言葉は人生から抹殺と何度も言っているじゃないか。

そんなぁ……がっか…じゃなくて、明日からまた笑顔で頑張ります……。

だが、おまえはおいらの教えに従ってトイレ掃除を素手でやっている。ちゃんと烏枢沙摩明王様は見てくださっているはずだ。

ビニール手袋しないと汚いような気もしたけど、まあ、自分ちのトイレだしね。臨時収入の0が1つ増えるなんて言われたらさ、やるしかない。もう慣れたよ。

素手でのトイレ掃除は烏枢沙摩明王様への忠誠心を見せる行為になる。踏み絵のようなものだ。烏枢沙摩明王様はな、『エコノート』を小脇に抱えておいでだ。

え？　環境への配慮？

『Eco』じゃないぞ。『Eko』。『えこひいき』の『えこ』ダコ。神様は常にえこひいきする人間を探している。より優先的に幸せになる見込みがありそうな人間を見つけると、エコノートにその名を書き入れるんだ。名前を書かれた人間は、二度と不幸になれないんだよ。

たこ星人の教え

- 「疲れた」のポジティブな言い換え言葉を決めておく
- 文句を言わずにトイレ掃除を続けていく

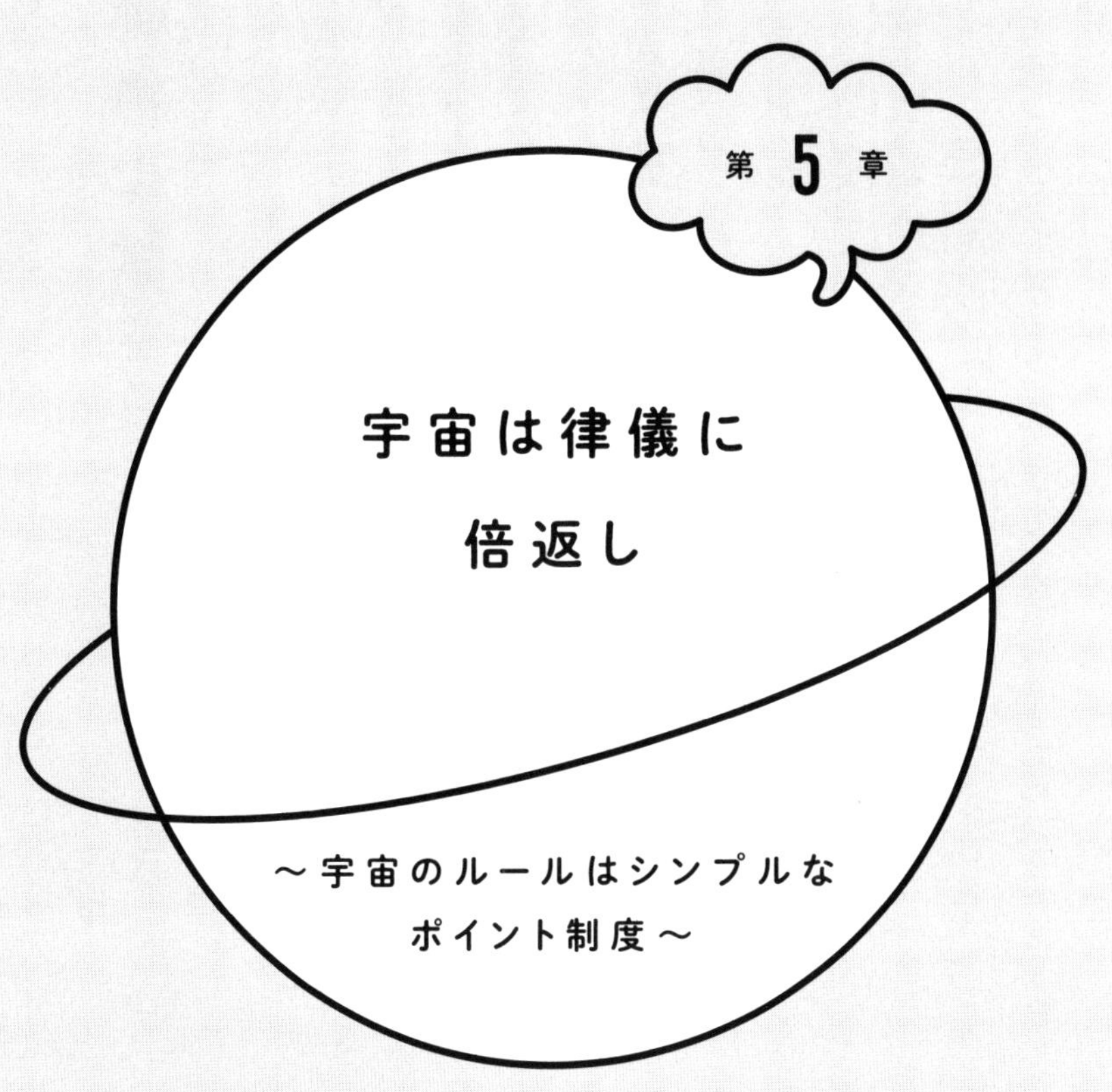

第5章

宇宙は律儀に倍返し

～宇宙のルールはシンプルなポイント制度～

人間は神様に試されている

弓矢の法則の話を聞いてから、改めて真面目にトイレ掃除にとり組み始めた。奇跡が起こることを心から信じているかと聞かれれば、正直、そうとも言えない。でも、奇跡というものを体験できるものならしてみたいとワクワクしているのも本当だ。

そして、2週間後。

続けた人には、ご褒美がある

あ、あ、あ、あ、た、たこちゃん！

あ？　どうした？

見て！　フリマアプリに出品しようと思って残しておいたコートのポケットに、5千円が入ってた……！　これ、飲み会で私が友達の分もまとめてカードで払って、後から現金で渡されたのをポケットに入れたままだった分だ……。

おお、臨時収入じゃないか。今のおまえには喉から手が出るほどほしいお金、労せずして手に入ったな。

これ、烏枢沙摩明王様のご褒美だよね!?

おまえがそう思うのなら、きっとそうだ。

このタイミングで5千円が手に入るなんて、ご褒美の臨時収入だとしか思えない。嬉しい。記念に写真撮っておこう……って、あ!

なんだ、どうしたんだ?

いや、今、写真撮ろうと思ってスマホを見たら、フリマアプリの通知が。……出品したバッグが売れたみたい! やった、8千円ゲットだ!!

おいおいおい、ずいぶん調子がいいな。おまえ、烏枢沙摩明王様から見込みあるって思われているみたいだな。

え? そうなの?

『前倒しの法則』といってな。トイレ掃除をちゃんとやり続けられる人には早めにご褒美がくるんだ。2週間とは、またずいぶん早いけどな。

烏枢沙摩明王様、よくわかってるじゃん。

その人がちゃんと続けられるかどうか、神様はぜーんぶお見通しなんだよ。みんな、頑張るのは最初だけ。8割はすぐにやめていく。ま、前祝いのビギナーズラックってところだ。

口に出さない限り何も伝わらない

嬉しい！　烏枢沙摩明王様って本当にいるのかも。ねえねえ、こういう時って心のなかでお礼を言えばいいの？

いや、きちんと口に出したほうがいい。『言わなくてもわかる』と考える人間は多いが、思っていることは口に出さない限り、誰にも何も伝わらないぞ。周りに人がいて口に出せない時もあるが、基本的になるべく口に出せ。小さな声でもいい。きちんと相手に伝わるように言葉にするのが大事なんだ。

微差の積み重ね

そっか。ありがとう、烏枢沙摩明王様!!

1度でも神様の存在を信じられる体験をすると、それがまた継続するためのモチベーションになる。だが、いいことばかりが続くわけじゃない。それを忘れるな。神様は、おまえが応援するに足る人間であるかを試しているんだよ。ああだこうだ文句を言わず、おいらが教えたことを地道に続けていくことだ。その微差の積み重ねが必ず奇跡を呼ぶ。

うん、わかった!!

……おまえ、浮かれてんな。まあ、休日もバイトに精を出さざるをえないおまえには、こういう形で与えられたお金はずいぶんありがたく感じられるだろうな。

ホントにありがたいよ。今、私、トイレ掃除をやってよかったって思っている。

宇宙と神様は裏切らない。続けていけば、宇宙は律儀に倍返ししてくれる。

たこ星人の教え

- 「やり続ける」人には前倒しでご褒美がやってくる
- いいことや嬉しいことがあったら口に出して相手にお礼を言う

宇宙はエネルギーの銀行

臨時収入を手にし、トイレ掃除の効果を信じ始めた私だったが、1週間後には自分の甘さを呪っていた。計算を間違えており、クレジットカードの引き落とし日を目前に、どうしてもお金があと1万円足りないことが判明したのだ。

いいことばかりは続かない

……どうしよう。どうしても1万円足りない。もう打つ手がない。

おい、泣いてんのか？　いったい、どうしたんだ？

明後日、カードの引き落としなんだよ。明日のバイト代を足しても間にあわない。お給料と引き落としの額を計算してバイトを入れていたんだ。けど、追加で買った洋服代を計算に入れるのを忘れてたみたい。

ああ、GUで買ったやつな。でも、こないだ、臨時収入があっただろ？

あの収入があったから、足りると思ってバイトを1日減らしたんだよ。やっぱり行っておけばよかった。どうしよう。なんでこんなことになるの。睡眠時間も休みも減らしてバイトを頑張ったのに。もうやだ。私なんて、どんなに頑張ったって結局お金に困るようになってるんだよ。

カルマの解消

せっかく最近いい感じだったのに、自分を責めたり不運を嘆いたりするようなことを言ったら台なしだ。いいか、おまえは今、自分で作ったカルマを解消している。

え？　カルマ？　何……？

過去に自分が犯した罪のことだ。因果の法則の話、しただろ？　目の前で起こることは、すべて過去の自分がやったことが返ってきているんだ。そこに気づかないと、永遠に同じことを繰り返すぞ。

お金に無計画とか、計算が甘いとか、そういうのがだめってこと……？

それもある。だが、それだけじゃない。トイレ掃除のご褒美がお金やご縁など姿形を変えてもたらされるように、カルマもいろいろな形で自分に降りかかってくる。

たとえば、おまえが今まで人に嫌な思いをさせたり傷つけたりしたことが、お金のトラブルという形で現れることもある。

そんなこと、今言われたって困るよ。

そうだな。だが、宇宙の根本的な仕組みを理解しておくにはいい機会かもしれない。人間は誰しも相当なカルマを溜め込んで生まれてくるものだ。

コスモスバンクとコスモスローン

宇宙の根本的な仕組み……？

わかりやすく説明してやろう。おまえが宇宙に不機嫌なマイナスのエネルギーを発した分は『コスモスローン』、つまり負債として積み上がっていく。逆に、ご機嫌なプラスのエネルギーを発した分は『コスモスバンク』にたまっていくんだ。

なんか、銀行みたいな感じ……？

そうだ。ローンが積み上がるとどうなると思う？

え？　取り立て屋がくるとか？

その通り。コスモスローンがいっぱいになると、神様から取り立てが来る。それが、目の前に起こる不運なできごとや臨時出費ってヤツだ。逆に、コスモスバンクのほうがいっぱいになると、ラッキーなことが無限大にいくらでも起こる。

つまり、お金に困ってばかりでお母さんとも会社ともうまくいっていない私って、コスモスローンの負債が積み上がっているってこと？

ビンゴ！　どう考えてもそうだろう。おまえの放ったマイナス感情のエネルギーが、どんな行為によるものかはこのあいだ説明したからわかるよな。その逆の行為が、プラスのエネルギーだ。人を喜ばせたり、誰かのためにお金や労力を使ったりすることだけじゃなく、独り言や考え事も含め、プラスの内容のことはすべてプラスのエネルギーとしてコスモスバンクに蓄積される。ちなみに、自分で自分のことを卑下したり責めたりするのもマイナスのエネルギーであり、逆に、自分を大事にするのはプラスのエネルギーとなるんだ。

たこ星人の教え

- カルマに気づいたらそれまでの行ないを改める
- 宇宙に発したマイナスのエネルギーは「コスモスローン」、プラスのエネルギーは「コスモスバンク」に積み立てられていく

ポイントが貯まれば勝手にご褒美が降ってくる

お母さんに謝ろう。それしかない。私の放つ負のエネルギー残高はいったいいくらになっているのだろうか……さんざん積み上がっていそうな私のコスモスローンの取り立ては、今日や明日で終わるわけがないだろう。できれば自分の力で今回のピンチを乗り切りたかったが、今や一刻の猶予も許されない。金融機関のブラックリストに載ってしまったら、この先の親孝行だってままならない。これまでのことをお母さんに心から謝って、最後のお願いとして、1万円を貸してほしいとお願いするしかない。私は唇を引き結び、お母さんがいるはずの下の階へ、そっと降りて行った。

宇宙は律儀な倍返し

お、戻ってきた。早かったじゃないか。お母さんにはきちんと謝れたのか？　許してもらえたか？　ん？　どうかしたか？　また、泣いてんのか？

たこちゃん。奇跡が起きた。今日、クリスマスなんだよ。お母さんが、クリスマスプレゼントにって、これ、くれたの。

何？　現金じゃないか！　2万円も入っている！

これまでのこと、謝ったの。これまで何度もお金を借りたこと。ずっと家にお金も入れてなかったし、家事も頼り切りだったこと。あと、このあいだの喧嘩のこと。そしたら『お母さんもパートのことでイライラしていて言いすぎちゃった。これ、クリスマスプレゼントよ。好きなもの買いなさい』って。

じゃあ借金させてもらったわけじゃないのか？

うん。もらっちゃった。これで明後日のカードの引き落とし、どうにかなるよ！

宇宙の仕組みはスーパーシンプルなポイント制

おまえ、烏枢沙摩明王様とお母さんに救われたな。これはいよいよ宇宙の仕組みを知って、神様に喜ばれる人間にならないとな。

宇宙の仕組みって、さっき聞いたコスモスローンとコスモスバンクでしょ？

そうだ。ちなみに、コスモスローンとバンクはつながっていて、お互いに相殺しあう。コスモスバンクに徳のエネルギーをためていれば、時々マイナスのエネルギーを発しても、ためてある分から相殺される。逆に、マイナスのほうが多ければ、徳を積んでもいいことは起こらない。だから意識してプラスのエネルギーを放つことが重要だ。おまえの好きなポイントカードの仕組みと一緒で、ポイントがたまったら勝手にご褒美が降りてくるんだよ。

ふーん……。だけど、なんかポイント還元とかご褒美目的みたいな、打算的な気持ちを見透かされたりはしないの？　神様はなんでもお見通しなんでしょ？

もちろんすべてお見通しだ。だが、損得勘定や打算的な気持ちが動機だったとしても、実践することに意味があるんでね。続けるうちに心は変わってくるものだ。

続けるうちに打算じゃなくなってくる……？

そうだ、すべては日々の実践に尽きる。やがてはそれが習慣になる。毎日のルーティンにすることが大事なんだ。おいらが教えていることは、微差の積み重ねこそが成功につながるという真理だ。やめてしまう人が多いなか、それでも続ける人を神様は見ている。最初は面倒くさくても損得勘定ばかりでも、続ければ習慣になる。習慣になる頃には心も変わる。汚い心のままでは続けられないからな。だから最初のうちは野心に邪心に下心、おおいに結構。行動しなきゃ意味がない。

うん、わかった。

トイレ掃除を何週間も続けていれば少しはわかってきただろう。習慣になれば『当たり前のこと』として、無意識でできる。無心で「させていただく」という謙虚な心。それは烏枢沙摩明王様を敬って尽くしていることに他ならない。

神様の望む人間になればえこひいきしてもらえる

ねえ、神様って、いったい何がしたいの?

神様の願いはすべての人に幸せになってもらうことだ。人々の心が綺麗になれば、幸せでいられる。そんな人ばかりなら世界も平和になる。それが神様の願いだ。だから、神様が喜ぶ行為をやり続ければいい。神様はこっちの世界でいうAIみたいなもので、コスモスバンクがいっぱいになれば自動的にご褒美をおろしてくる。神やら宇宙やらを人は難しく考えたがるが、宇宙の法則ってシンプルなんだ。

たこ星人の教え

- **神様が喜ぶ行為を習慣にして継続する**
- **エネルギーをためると然るべき時にご褒美が降ってくる**

受けとれるのは宇宙に投げかけたものだけ

スーパーシンプルな宇宙の仕組みについては半信半疑だけど、「邪心に野心、おおいに結構。行動しなきゃ意味がない」という言葉を信じてトイレ掃除を続けている。ネガティブな言葉もなるべく出さないように気をつけている。しかし、転職活動は難航しているし、いい物件もなかなか出てこない。少し不安になり、探りを入れてみることにした。

開運は太陽のパワーを借りる

物件、なかなか出てこないんだけど、私、何か足りてないかなあ?

こないだうまくいったからって、調子乗りすぎダコ。なんでもかんでもそんなにすぐにうまくいくものじゃない。

じゃ、じゃあ、せめて物件探しのヒントだけでも教えてよ。

物件探しのヒント？　そんなもん、運が100％と言っただろ。

そうじゃなくて、どんな物件がいいとか、何かないの？

細かく言えば風水的な間取りだのなんだの、いくらでもある。家の形はなるべく正方形を選びなさい。いびつな形は絶対にご法度だからな。四角にしろよ。だけどそんなことを言っていたらおまえは一生一人暮らしなんかできないじゃないか。

（相変わらず失礼なヤツだ……）間取り以外に何かないの？

日当たり良好だけは絶対条件だな。まさか日当たりも気にせずに物件を探しているんじゃないだろうな？

（やべっ）……。

おまえみたいなヤツは、お日様の光に当たり浄化し続けていくことが必要だ。それは部屋も同じ、邪気は太陽の光が大嫌いだからな。邪気も貧乏神も臭くて汚くてジメジメしたところを好む。日当たりがよければ邪気を追い払いやすい。太陽の光は健康にもいい。

そういえばお札も日光浴させるのがいいとか言っていたよね。

そうだ。月に2、3回は邪気払いにお札を日光浴させてあげるといい。日当たりがいい家でないとそれも難しい。

わかった、物件の希望条件に『日当たり良好』も入れておくね。ますますいい物件が出てこなくなりそうだけど。

それはおまえの運気次第ダコ。あと、家で大事なのは、そこにいて心地いいか、いい気分を味わえるかどうかだ。その意味でも日当たりは大事だ。

いい気分？　居心地がいいとかそういうこと？

そうだ。家の好みは人それぞれなんだから、広いほうがいい気分が味わえるならそのほうがいいし、他に大事にしたいポイントがあるならそれを優先すればいい。いずれにしろ、長い時間をすごす場所だから、そこにいてプラスのエネルギーを発しやすいかどうかをよく考えなさい。

ああ、そういうことね。『こんな汚くて狭い家、嫌だなあ』って思っていたら、コスモスローンのポイントが積み上がりそうだもんね。

喜べば喜ぶほどに喜びごとがやってくる

いいか、おまえが受けとれるのは、おまえが宇宙に投げかけたものだけ。もらうよりも出すほうが先なんだ。ここテストに出るから忘れないように。自分が投げかけるのが先。

お金をいただいた時は、ありがたいなあっていつも思っているよ。週末の日雇いバイトももう2カ月以上続けて、少しお金も貯まってきたし。あとはいい物件さえ出たらなんだけど。

小さなことに喜びや感謝を見出すのは大事なことだ。小さなことに喜んだり感謝したりできない人のもとに、大きな感謝すべきことがやってくるわけがないからな。喜べば喜ぶほどに、喜びごとは仲間を引き連れてやってくるんだ。

たこちゃんの教えを守っていたら、超ポジティブな人間になれそうだよね。でも、物件も転職先も、なかなかいい出会いがないんだよなあ……。頑張っているつもりなんだけど。

おまえ、最近、あんまり散財もしていないもんな。お給料も無駄に使わずに貯めているんだ。大丈夫だ、準備さえできていれば、必ず望むものは手に入る。準備あるものに神は微笑む。

たこ星人の教え

- **家探しは四角い家、日当たり、いい気分を味わえるかを重視**
- **小さなことに喜び、感謝することができるかを試されている**

「心のなかで完結したこと」を引き寄せる

トイレ掃除を続けると直感が冴えてくるというのは本当らしい。ある物件を賃貸サイトで見つけた時「あ、ここいい！」と一瞬でわかった。初めてトイレ掃除をしてから3カ月経った頃のことだ。実家暮らし＋お給料を使うのは最低限＋日雇いバイト＋フリマアプリ出品のフルコンボで最低限の引越し費用はなんとか貯まっていた。転職活動は相変わらずだったが、まずは一刻も早く自立をしたいということで、急いで入居までこぎつけた。何となく自分に自信がついてきた今日この頃。

床は自分自身

なんだ、このゴミ屋敷は!?

と、言いますと?

『と、言いますと?』じゃない!! やっと一人暮らしを始めたと思ったら、なんだ、このざまは!!　おいらがちょっと1週間ほど他のヤツを見るのに留守にしとる間に、なんでこんなに散らかっているんだ!?

いやあ、一人暮らしって、大変なんだね。知らなかった。誰も掃除も洗濯もしてくれないから、あっというまにこの有様よ。

自慢げに言うな。

あ、でもトイレ掃除だけは習慣になっちゃって、毎朝しているけどね。

早く掃除しろ。こんな状態にしていたら、すぐに貧乏神が帰ってくるぞ。

ひいっ……。

いいこと教えようか？　さっき、貧乏神のお婆さんが鼻をクンクンさせてこのアパートの前をうろついていたぞ。この部屋の汚くて貧しいにおいが外に漏れているんじゃないのか？

やります！　片付けます！　今すぐに。

まずは床の上のものを全部どけろ!!　床にカバンやらなんやらを絶対に置くな！　運が地に落ちるぞ。

まだ収納を買い揃えられていないから、床に直置きせざるをえないのよ。そもそも、なんで床に置いたらだめなのよ。

床は自分自身！　床が物でふさがれていると、本来の自分の才能を発揮できなくなる。床がホコリだらけなのは、自分自身も邪気まみれということだ。

そうなの？　よく意味がわかんないけど。

いいから、とにかく床の物をさっさとどけて、ピカピカに磨き上げろ。

もう、わかったよ。

これからは床面積を広げることに命をかけろ。ベッドも捨てろ。

なんでベッドの話になるのよ。

ベッドは床の面積の大部分を覆ってしまう。しかも、ベッドの下はホコリが溜まりやすいし、よほどのことがないと拭き掃除ができない。おまえは毎晩ホコリまみれの床で、邪気の上に寝たいのか。

そりゃ嫌だけど、ベッドがないと寝られないじゃん。

マットレスや布団を買えばいい。夜寝る前に敷いて、起きたらたたんで片付ける。床面積が広くなるだろ。そもそも、おいらはいつもタコツボで寝てるのに、おまえなんかがベッドやら布団だなんて、100年早いんダコ。

（え、タコツボで寝てたの……？　だって、私はたこじゃないし……）え〜、ベッド、捨てちゃうの？

ベッドを捨てても死にはしない。床面積を広げて床をピカピカにすると、ますます運気が上がる。おいらが教えてきたヤツは、みんなそうやって人生を激変させていったんだからな。

そう言われると、ちょっと試してみたくなるかも。

それが大事。ああだこうだ言わず、素直にやってみる。『これをやるといいことがある』『次はどんな奇跡があるかな』とワクワクするのがポイントだよ。そのプラスのエネルギーは宇宙に届く。『これを続けるといいことがある』と心のなかで完結していることだけを引き寄せられるんだ。ちなみに、玄関の神様である『門戸神』を信じて玄関掃除に精を出して成功している人間もいる。信じる対象は、別になんでもいいんだよ。

たこ星人の教え

- 床面積を広げてピカピカに磨き上げると、才能が開花する
- 床面積が広がるからベッドよりも布団のほうがいい

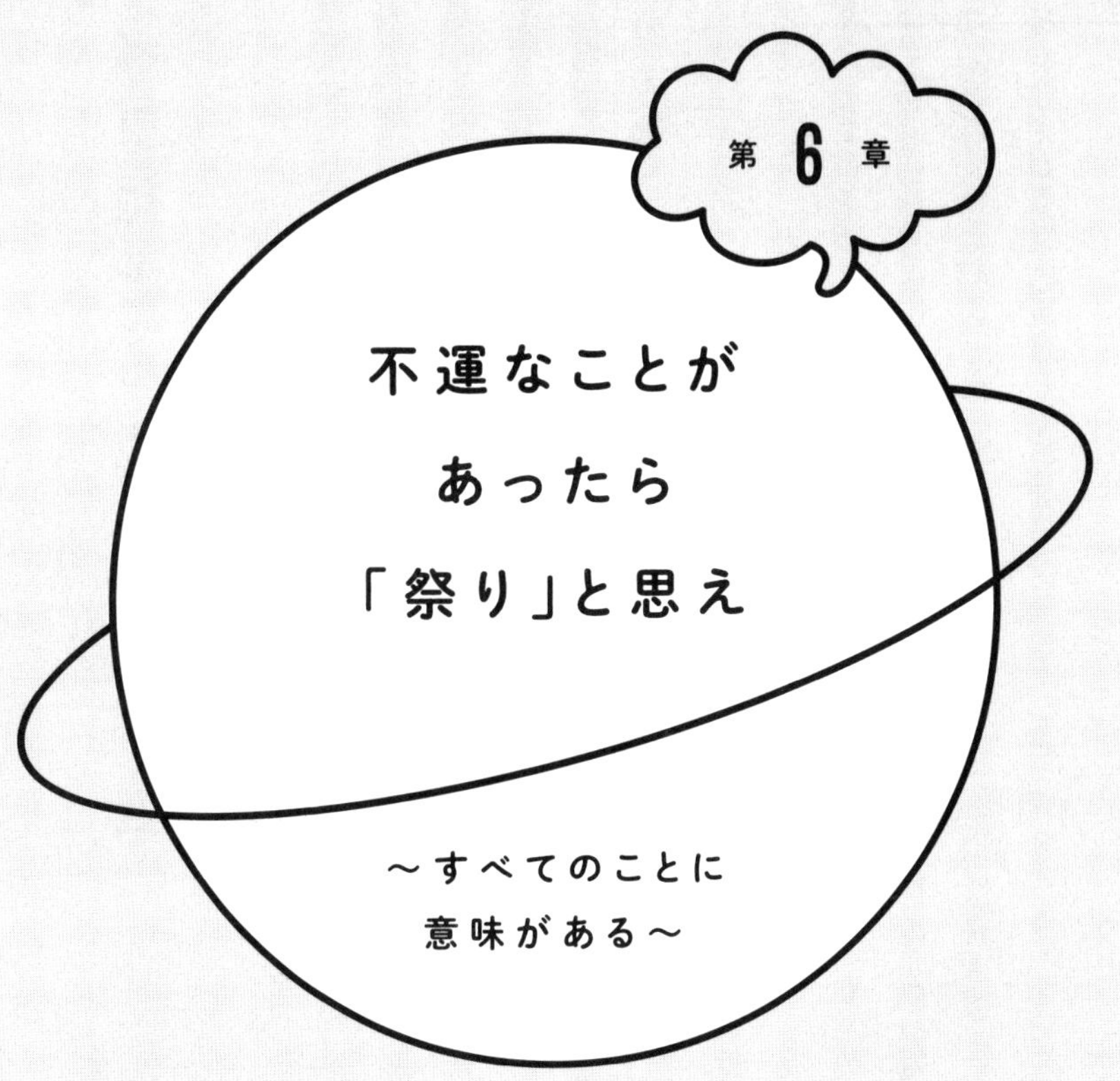

第6章

不運なことがあったら「祭り」と思え

～すべてのことに意味がある～

「ポジティブにとらえる」ゲーム

たこ星人と出会ってからの私の毎日は本当に目まぐるしい。次々といろいろなことを教わり、それを実践するだけであっという間に日々がすぎていく。なんとなく運気が上向いているような気はするが、どうやらいいことばかりは続かないらしい。汚部屋化した部屋を片付けた翌日、とてつもなくショッキングなできごとに見舞われた。

目の前のできごとから何を学ぶか

たこちゃん……。私、来月、クビになるみたい……。

ほう！　それはいい。

はあ!?　いいわけないじゃん。クビだよ、クビ。意味、わかっているの？　仕事がなくなるんだよ!?　契約、更新してもらえなかった……。3月末で終わりだって。

それはおまえが会社に貢献していないからだよ。

失礼すぎるでしょ。普通に働いていたし。

『普通』くらいなら誰でもしている。給料分働いたとしても、それは等価交換。雇い主にはメリットはない。『とりあえず毎日会社に行けばいいや』くらいにしか思っていなかったんだろ？　だから会社は契約更新したいと思わなかったんだ。

そんなの、知らないわよ。私の働きじゃなくて会社の業績のせいでしょ。感染症のあおりをもろにくらった業界だし。

会社に残ることのできた人もいれば、おまえのようにできなかった人もいるということは、そこに何かの理由があるんだろう。すべてのことに意味はある。目の前のできごとから、おまえが何を学ぶかにかかっている。

転職活動を本気でやれってことか。まあ、あと1カ月あるし、どうにかなるでしょ。

ポジティブなのはいいことだ。辛いことや大変なことはいくらでも起こるからな。

ちょっと、怖いこと言わないでよね。

悪いことがあった時の口癖を作っておく

そうだ、悪いことがあった時の口癖を作っておくといい。ポジティブな口癖を。

悪いことが起きる想定っていうのもなんか納得いかないけど……、たとえばどんな口癖を作ればいいの？

そうだな、おいらが教えていたヤツはどんなに理不尽な目にあっても『これも意味がある』と決して腐らず前だけを見ていたな。あとは『祭り、祭り～』って歌っていたヤツもいた。なんかそういう演歌があると言っていたっけ。ちなみにそいつ、経営していた店に泥棒が入って1千万円を盗まれたり、万引き犯を追いかけて骨折した時もそうやって歌ってた。何事にも全力振り切るヤツは強いぞ（しみじみ）。

祭り？　なんで悪いことが祭りなのよ？　ていうか、1千万円を盗まれて痛い目にあっているのに、祭りと思えるその神経、おかしくない？

祭りという発想はあながち間違っていないんだ。コスモスローンの話をしたろ？　目の前で起こる悪いできごとというのは、ようするにコスモスローンの取り立てなんだ。取り立てられるということは、ローンの残債が減るということで、実は嬉しいことでもある。だから逆に『祭り』と言えるんだな。

なるほどね。そういうふうに考えていれば悪いことが起きても少しは気が楽かも。

理不尽が大きければ大きいほど、辛いことであればあるほど、ピンチであればあるほど、返済額が大きくなる。もちろん、それくらいローンがたまっているということでもあるけどな。そして、その時に大事なのは、そのできごとに対して不平不満を言ったり自暴自棄になったりしないことだ。もしそんなことをしたら、それはマイナスのエネルギーを宇宙に放つことになり、ますますローンがかさむからね。覚えておけよ、すべてのことには意味がある。

なるほどなぁ。悪いことが起きた時に、むしろ喜ぶっていうのはなかなか難しそうだけど、そのうちできるようになるかな。

いいか、人生っていうのはな、ぶっちゃけ、ゲームのRPGみたいなものなんだ。目の前のできごとをいかにポジティブにとらえて、ワクワクしながらクリアしていくゲームだ。クリアする過程を楽しめるかどうかは、すべて物事のとらえ方次第でいかようにも変わるんだ。そんなに難しいことじゃない。日々の実践あるのみだ。そうやって1つ1つクリアするごとに人生はどんどん面白く、豊かになっていく。

たこ星人の教え

- 悪いことがあった時のポジティブな「口癖」を作っておく
- 目の前のできごとをなんでもポジティブにとらえる

相談できる人をもつ

エントリーする企業の数を増やし、書類選考を通過した会社に面接に行った。前に教わった通り、清潔感に美意識、髪や肌に艶を施すのも忘れない。靴だってピカピカ。人材不足の日本だし、どこかしらはきっと拾ってくれるだろう。

一人暮らしを始めて自立もしたし、言葉、表情、態度にも気をつけ、トイレ掃除も完璧に習慣になっているし、お金も大事にするようになった。やるべきことはきちんとやっている、と思うと不思議と気持ちが楽だ。興味をひかれる企業へのエントリー作業を今日もひとしきり終えると、スマホを片手にゴロンと床に転がった。

騙される人の特徴

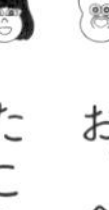

お、余裕だな。

たこちゃんのおかげで最近、金運が上がってきているみたいなの。実はね、10万円、儲かったんだよ。今から追加でまた10万円、入れようと思って。

待て待て待て。何の話だ？

ああ、たこちゃんがこないだ1週間くらいいなかった間に、ネットでいい出会いがあったの。最近の出会いはリアルの場だけじゃないんだよ。しかも超お金持ちでイケメン。JJっていう日系アメリカ人らしいんだけど、つきあうことになるかも！

……どんなお金持ちなんだ？

金融とか投資関係の人……かな？　シンガポール在住で、しょっちゅう世界中を出張しているんだって。ほら、インスタにもいっぱい投稿してるでしょ。彼、日本で仕掛けようとしているビジネスがあるらしく、『日本について教えてよ』ってインスタでDMがきたんだ。あ、大丈夫、怪しくないよ。最初は日本のことや日本語を教えてあげていて、だんだん親しくなって、プライベートの話とかけっこうして。気があうんだよ、私たち。やりとりしていてこんなに楽しいのは初めてだって彼も言ってくれているの。

本当におまえは面白いヤツだ。それで、そいつに投資機関か、オンラインカジノあたりを教えてもらったんだな？

そうそう、ちゃんとした機関のお墨つきがある、れっきとした投資だよって。私も最初は躊躇したんだけど、1万円から始められるって言われて入金したら、本当に利益率がすごいの。ものの数秒で10倍になってさ。すごくない？　そのお金、いつでも現金化できるらしいんだけど、せっかくだからあと10万円くらい入れて、増やそうかな――って。

バカ者！　おまえの目は節穴か。それは今、流行りの『国際ロマンス詐欺』だ。ググってみろ。いくらでも出てくるぞ。

は？　詐欺？　そんなわけないじゃん。オンライン通話だってしたんだから。たしかに日本語は微妙だったけど、実在する人だよ。

いいから、ググってみろ。

うるさいなあ、もう。……え、何これ。

な？　おまえと似たように騙されたケース、いっぱいあるだろ？　今、流行ってるんだよ。試しに、増えたお金を今すぐ現金化させてくれって頼んでみろ。時差だとかシステムの問題だとかいろいろ理由をつけて、換金させてくれないはずだ。それに、会えそうなそぶりをしているが、絶対に会えないから安心しろ。

は？　たしかにそういう詐欺はあるっぽいけど、誠実な彼に限っては違うし。いいよ、現金化ね。すぐ返事くると思うよ。『現金化、今、できる？』……っと。

どうだ？　返事、きたか？

……なんか為替？　の関係で今は無理だって。

な、言った通りだろ？　落ち着け。それは詐欺だ。おまえ、そんな大金を動かすのに、なぜ誰にも相談しない？

え？　投資に興味ある人、私の周りにいないし……。いや、何かの間違いでしょ。

自分1人の思い込みで突っ走って人に相談しないヤツは、詐欺にひっかかりやすいんだよ。相談する相手がいないくらい孤独というケースも多い。

いや、ジャニーに限ってそんな、詐欺なんかじゃないよ。

ジャニー？　フルネームは？

え？　たしか『ジャニー・ジョージ』だよ。『JJ』って呼んでくれって……。

アメリカ人で『ジャニー・ジョージ』なら、イニシャルは『JG』だ。完全に騙されたな。

たこ星人の教え

- 国際ロマンス詐欺は色恋と儲け話のダブル攻撃
- 少しでも不審な儲け話は周りに相談する

神の税金で大難を小難に

まさか、と思い、すぐにＪＪにメッセージを送った。「疑うわけじゃないけど、国際ロマンス詐欺って知ってる？」と。「そんなこと、あるわけないだろ」と笑い飛ばしてくれることを願って……。しかし、それきり返事がこなくなった。１日に何度もやりとりしていたのに急にパタリと途絶えるなんて、まさか、本当に……？　ショックで頭が真っ白だ。詐欺なんて、このあいだの教材詐欺だけで十分だったのに。

大難が小難に

いやあ、早くわかってよかったなぁ。1万円で済んでラッキーだった。あやうく10万円をフイにするところだったんだから。大難が小難で済んでよかった。

……またなの？　私、また詐欺のカモになったってこと？

人生、生きていれば詐欺の1回や2回、やられるもんだ。ま、騙されるという体験も振り返ればいい人生経験。すべて勉強だ。そろそろ見えてきたんじゃないか？

もう、なんで？　全然わかんなかった。ていうか、なんでこんなひどいことするの？　詐欺って、犯罪じゃん。ありえないよ。

臨時出費は神の税金

すべてのことに意味はある。臨時出費は神の税金であり、宇宙の相殺作業だから受け入れなさい。1万円で済んだのも不幸中の幸い、そんな時こそ祭りだよ。

相殺？　私のコスモスローンの？　それにしたって、ひどすぎるでしょ。ネガティブなこと言いたくないけど、私、今までにないくらい頑張ってるよ。トイレ掃除だって続けているし。一生懸命、仕事を増やしてお金だって大切にしている。

ローンが積み上がっている人間が一気に巻き返しを図ろうとする時には、こういうことはよく起こる。悪いことが続くんだ。でも、それだけローンの返済が急速に進んでいるということで、頑張っている証拠ダコ。つまり、痛みなくして得るものなし、ってわけよ。

だからって納得いかないよ。こんなにしょっちゅう詐欺にあっていたら、何かいいことがあってもまた詐欺なんじゃないかって思っちゃうよ。

まあ、詐欺師に騙されるおまえも、詐欺師みたいなもんだからな。

はあ!? 何、詐欺師って。私、人を騙すようなことしてないじゃん!!

自分の周りには自分と似たような人間が集まる。詐欺話に巻き込まれるのは、おまえが詐欺師と同じレベルだからだ。人としてレベルが低いんだよ。成長したまえ。

ひどすぎる……。言っていいことと悪いことがあるでしょ。

目の前のできごとをどう捉えるか、人生はゲームなんじゃなかったか? 祭りなんじゃなかったか? それとも、もうここでギブアップか?

やだよ。ギブアップなんて。だけど、ちょっと自信がなくなってきたかも。だんだんわかってきた気がしていたのに。

詐欺を見分けるポイント

目の前のできごとから何を学ぶかが大事だ。なぜ、詐欺と気づけなかったと思う?

自然すぎて。それに浮かれていたかも。運気が上がってきたかもって。正直、恋愛もしばらくご無沙汰で、嬉しくって冷静に考えられてなかったかもしれない。

詐欺師は人の欲を利用して巧みに心のなかに入り込んでくるからな。いいか、今後また詐欺にひっかからないよう、知恵を授けてやろう。

何？　人に相談する以外に何かあるの？

人に相談するのももちろん大事だ。あともう1つは、その詐欺話を持ってきたのが誰か、ということ。その相手が信頼に足る人物か、十分に吟味しなくてはならない。そして何より、その儲け話を語る張本人が、本当に儲かっているのかは見極めポイントだ。

信頼に足る人物かどうかなんて、JJとはネットでの出会いだから、わかんないよね。その時点で、もう怪しいってことか。儲かっているようにも見えたけど、SNSの世界はいくらでも捏造できるもんね……。

その通り。よくわかっているじゃないか。冷静になればわかるんだ。今後はジャニーみたいなヤツに騙されないように気をつけろよ。

たこ星人の教え

- コスモスローンの返済を続けることで人生の巻き返しを図る
- 儲け話を持ちかけてきた当人がツイてる人なのかを見極める

人生のゴール設定

まんまと国際ロマンス詐欺にひっかかり、私はすっかり自信を失ってしまった。転職活動の面接の最中も「私なんて……」という思いがよぎり、堂々と自己アピールできない。このあいだまでの好調が嘘のようにどんどん失速していき、会社に雇い止めの告知をされてから、あっというまに1カ月がすぎていった。そして、ついに私は無職になった。

辛いこと・悲しいこと・理不尽なことは必ず先にある

もう、失うもんは何もないな。最強だ。代償はいつも先払いなんだよ。神様からの試しが、ガンガン来ているってことだろ。ピンチはチャンスしかない。

そんなふうに思えたらどれだけいいだろうね。頭ではわかっていても心がついていかないよ。あんなに頑張っていたのに、まさか自分が無職になる日がくるなんて想像もしていなくて。

コスモスローン、絶賛返済中。いいか、辛いこと、悲しいこと、理不尽なことは、いつも必ず先に起こる。それとどう向きあうか、神様は試験官のようによーくご覧になっているんだぞ。

こういう状態になってみて初めてわかったことがいっぱいあったよ。無職って、辛いんだね。みんな働いているのに自分だけ仕事がない。転職活動しても、落とされるばっかりで。誰にも必要とされていないのって、辛いんだね。

そうだな。必要とされてこその命だな。それにしても、世のなかにはたくさんの会社があるのにどこもおまえを雇ってくれないとは、さすがに不思議だな。

そりゃ、こっちだって選ぶ権利はあるし、どこでもいいってわけでもないしね。

え？　なんでもいいわけじゃないのか？

私は事務しかしたことないから、今回も事務職にしか応募してないよ。

そりゃ、だめだ。選り好みしている場合じゃないだろ。

まさかたこ星だと、手当たり次第応募するわけ？

応募じゃない。たこ星は相互支援が当たり前。頼まれたらなんでもするのが普通。

ええ〜‼　相互支援って素敵な響き。

そうか？　頼まれごとの先に天命があるからな。そもそも、おまえ、自分の使命を知りたいと思わないか？

使命？　そんなおおげさなこと、考えたこともないよ。私はただちゃんと就職したいだけ。安定した、事務員が希望。それだけ！

人生はどうゴール設定するか

使命もわかっていないのに職種を限定しているのか。そりゃ、無茶だ。おまえ、いったいどうなりたいんだよ？　どこを目指しているわけ？

だから、そんなおおげさなこと、わかんないって。

行き先もわからないのにおまえはタクシーに乗るのか？「お客さんどちらまで？」って聞かれてなんて答えるんだ。目的地が決まってないのに、運転手はおまえをどこに連れて行けばいいかわからないだろう。本人がわかっていないのに、宇宙も神様も手助けしようがないじゃないか。いいか。人生はゴール設定が大事なんだ。

そんなこと言われても……。

よし。そんなおまえにとっておきの裏技を伝授してやろう。スマホ1つで簡単にできる。今すぐSNSに『私、仕事を探しています。なんでもさせていただきます。紹介してください！』と投稿してみろ。そして一番初めに連絡がきた仕事に就け。

はあ!? やだよ。無理。何の仕事がくるかわかったもんじゃないでしょ。

バカ者！ だからいいんだ。おまえ、やりたいこともやるべきこともわからないんだろ？ そういう人間には『究極の想定外コース』をプレゼントしよう。これは強力だぞ。別名、パルプンテの法則。全力で神様にお任せだ。さあ、すぐ投稿しろ。

『パルプンテ』って、RPGの、唱えると何が起きるかわからない呪文でしょ？ いやいやいやいや、無茶でしょ。そんな無茶苦茶な人生、やだよ。

まどろっこしいな。おいらが代わりにやってやろう。

あっ!! こら!! 勝手に人のアカウントでログインするんじゃないよ!! ……って、投稿してるううううう……。

たこ星人の教え

- 辛いこと、悲しいこと、理不尽なことは必ず先に起こる
- 想定外コースを歩むと人生が劇的に動きだす

今の自分に「ちょうどいい」こと

さすがたこ星人、腕が8本もあればパソコンとスマホを同時に駆使して、複数のSNSのすべてへほぼ同時に投稿できるってわけだ。まさに神業。……などと感心している場合ではない。後には引けない。たこのヤツ、やってくれちゃったよ。

そして、すぐに反応があった。さすがSNS。一番乗りのコメントは「ぜひうちの店に！」だった。昔、飲み会か何かでつながった人からのもので、たしか飲食店で働いていると言っていたような気がする。そんなわけで、私はその店で働くことになった。……アルバイトとして。最悪。

「何が起きるかわからない」から、いい

うう、足、いったぁ……。

おかえり。足、痛いのか。どうしたんだ？

ずっと立ちっぱなしだから靴擦れしちゃって。むくんでパンパンだよ……。

仕事が見つかってよかったな。必要とされる喜びで、足の痛みも吹っ飛ぶだろ？

吹っ飛ぶわけないでしょ。飲食店で週5で働くなんて初めてだよ。私、接客って本当に苦手。気を遣うし、足も痛いし、もうやだ。

おいおい、音を上げるのが早すぎだろ。まだ1週間も経ってないいんじゃないか？ 週5で働かせてもらえるなんて、ありがたいじゃないか。

たしかに日雇いバイトよりは安定するかもね。これからどうするつもりなの？

おいらに聞くな。おまえ次第だろ。

あんたがやれって言ったんでしょ。何か意図があるんじゃないの？

なんてったって、想定外コースだから。何が起こるかわからん。だが、今のおまえにちょうどいい仕事であることはたしかだよ。

自分の可能性を狭めているのは自分自身

今の私にちょうどいいのが、こんな仕事？ 誰にでもできる接客業？

こんなとは失礼だな。誰でもできるその仕事に、音を上げかけているのは誰だ？

だから、接客業は向いていないんだってば。

そう人間はすぐに自分の可能性をプチプチと切っていく。何も考えずに飛び込むのも大事だぞ？　高所恐怖症の人が無理やりスカイダイビングに連れて行かれて、その壮大な景色とスリルにすっかりハマってトレーナーになった話もあるんだ。

おあいにくさま。今の仕事に、ハマれるような魅力なんか別に感じないもの。しかも、他の従業員はどいつもこいつも、感じ悪い人ばっかで、いやになっちゃう。

ほ〜〜、きたきた人間関係。それが今のおまえの最重要課題だな。

飛び込んだ先のトラブルは自分の課題の現れ

え？　いきなり飛び込んだ先の人間関係なんて、私と関係ないでしょ。

学習能力ゼロだな、いいか、意味のないことは起きないと何度も言っているだろ。この想定外コースはな、今のおまえの問題点や課題、修正すべき点をあぶり出すリトマス試験紙みたいなもんだ。

リトマス試験紙。

そうだ、トラブルは今のおまえに足りないものを見せてくれている。ありがたい現象だ。ネガティブとして現象が降りかかることは、おまえがこれまで大切にしてこなかったことの現れだ。お金の問題は、お金を大切にしてこなかったから。残業が多い・休みが少ないのは、時間を大切にしてこなかったから。人間関係で困るのは、人を大切にしてこなかったから。ざっと、こんなもんだ。

そう、なんでもかんでも自分のせいにして、どんどん自信がなくなってこない？

逆だ。今、目の前で起きていることは変えられない。他人も変えることはできない。変えられるのは自分だけだ。でも、自分が変われば周りも変わっていく。すべておまえ次第なんだよ。それに気づいて実践したら、自信もついてくる。何事もポジティブにとらえられるようになれば、必ず人生に奇跡がふりかかってくるんだ。

ってことは、今の職場の人間関係が気に入らない原因は、普段の私が周りの人間関係を大切にしてないからってこと？

たこ星人の教え

- 想定外は、今の自分にちょうどいいものがやってくる
- 何も考えずに1歩踏み出すと、自分の可能性を広げられる

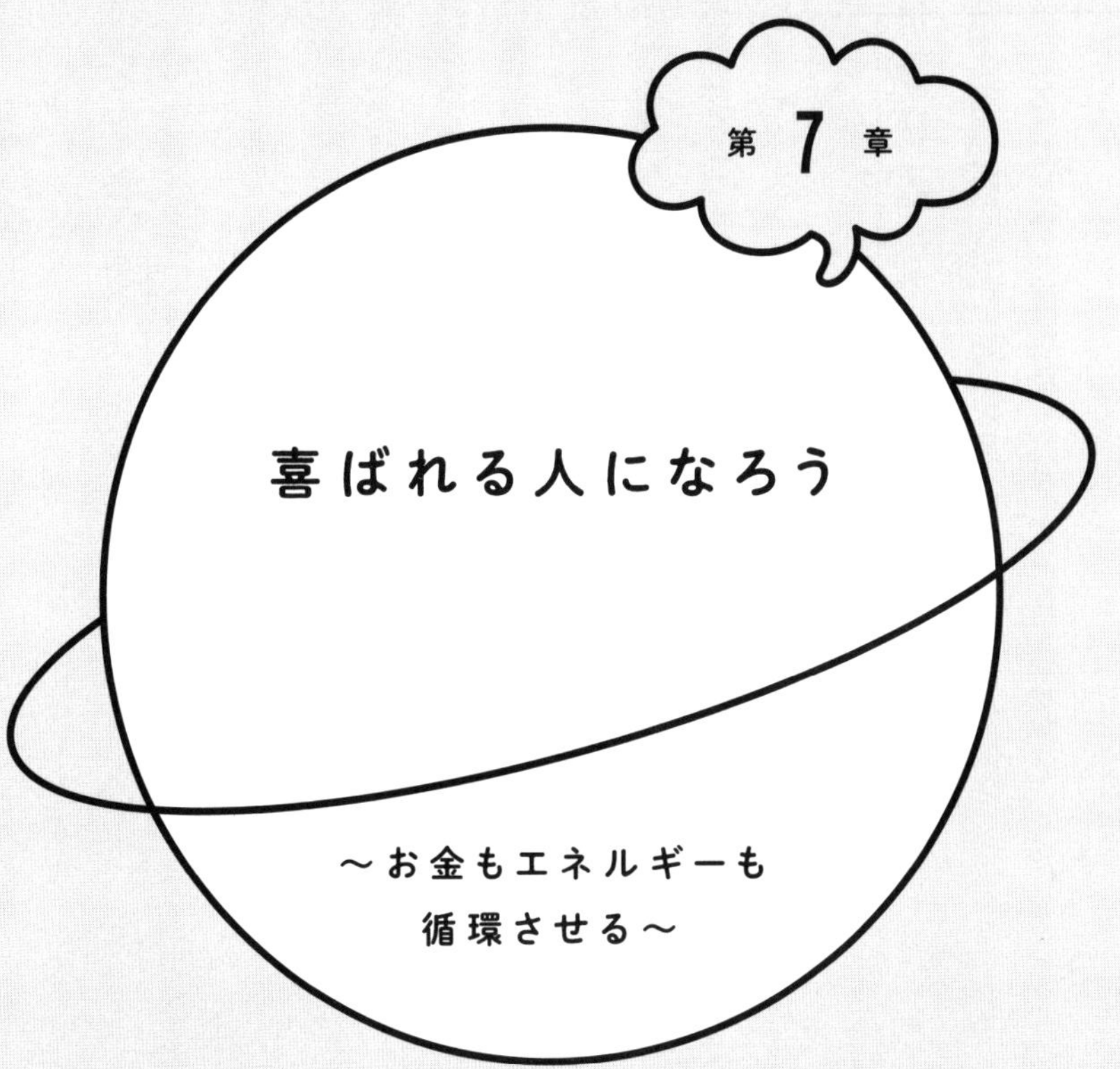
第7章
喜ばれる人になろう
～お金もエネルギーも
循環させる～

人の心のマッチ棒に火を灯す

「いやあ、助かったよ。この時期にいきなり休暇を取ったスタッフがいてね、人手が足りなくて。まさか君が週5のフルタイムで働いてくれるなんて」と店長が言った。例の投稿に、真っ先にコメントをくれた張本人だ。「いえ、ちょうど失業したところだったもので」「接客は苦手って言っていたわりに、よくできてるじゃん。落ち着いていていいよ」と褒められて私は嬉しくなった。喜んでもらえるのは嬉しいものだ。「でさ、ちょっと相談なんだけど。お世話になっている会社の社長に、営業ができる人間がいないかって言われてんだよね。営業とか興味ないかな？　なんかアニメのグッズを作っている会社だって言ってたよ」。

想定外に飛び込んでみる

ねえ、これって、やっぱ、行くべき……だよね？

想定外コースを行くと決めたなら、迷わず、行くべきだな。

営業かあー。やったことないんだよなあ。でも、アニメのグッズを作っているっていうのは、心惹かれるよね。ほら、私、推し活しているじゃない？

アニメも好きだろう？　韓国アイドル以外に。

好きなんだよね。推し活でつながっている人で、アニメキャラを推している知りあいもけっこういるし。今までの経験が活かせそうではあるんだよな。

それに、正社員を募集しているんだろ？　このチャンスをものにできるかはおまえの運次第だな。

前の私だったら営業なんて絶対にやらなかったと思う。接客業だって絶対いやだと思っていたけど、やってみたら意外と大丈夫だったからなあ。バイト先も、私が働いている1カ月半の間にバイトの応募がいっぱいきたからもう大丈夫みたい。

何事も意外と慣れるものだ。バイト先の店長からも勧められているなら何も問題ないじゃないか。人生は頼まれごとをこなすなかで、展開されていく。いい感じに運気の追い風が来ているな。

そ、そうかな。

よく頑張っている、えらいなあと自分を褒めてやるといい。自分のことも人のことも褒めるのは大事なんだ。

褒めるのって、なんか照れくさくて苦手なんだよね。ましてや、自分のことなんて褒めたことないよ。褒めるようなことをしてこなかったし。最近はまあ、少しは頑張ってるかなとは思うけど。

それなら、これからは自分のことも人のことも声や言葉に出して褒めるようにするといい。自分を褒めだすと魂が喜ぶからな。そうだ、新しい職場でうまくいくコツを伝授してやろう。とにかく『スピード』だ。新人のうちはクオリティの高い仕事ができるわけがないから、せめてスピードだけは相手の期待を上回るようにするんだよ。

なるほどね。心がけるよ。

あと、大事なのは毎朝笑顔で元気に自分から先に挨拶することだ。自分からな。

運気を上げたいなら「喜ばれる人」になる

挨拶ね。それで?

それだけ。

はあ〜？　期待して損しちゃったよ。そんなことか。

運気を上げるのに必殺技なんてない、まずはできて当たり前の凡事徹底から。やってみればわかるが、8割の人はその当たり前ができないんだ。

挨拶なんて、当たり前にできるよ、そんなこと。これでも、飲食店勤務よ？

自分では元気に明るく挨拶してる気でいるかもしれんが、目の前の人にどう思われているか、それがすべてだ。大事なのは、関わる人の心のマッチ棒に火を灯すことなんだ。人を褒めることや挨拶、そして相手の期待を上回る仕事をすることは、手段にすぎない。

心のマッチ棒？

誰でも心のなかに1本のマッチ棒がある。そこに火を灯すことが、喜ばれる人のポイントなんだよ。あれこれ開運のテクニックを教えてきたが、運気を上げるコツを一言でいうと『喜ばれる人になる』ことだ。

たこ星人の教え

- **自分から先に元気に明るく挨拶をする**
- **人に喜ばれる存在になる**

自分との約束を守り通す

言うは易く行うは難し。6月。新しい会社への出社初日。「おはようございます！」と大きな声で挨拶をキメた私。しかし、ボソボソと数人の挨拶が返ってくるだけだった。あれ？ なんか、場違い？ 私、空気、読めていない系……？ 仕事を教えてくれる人もなんだか暗くて、何を考えているのかよくわからない。上司だという部長も紹介されたが、興味のなさそうな目でチラッと私のほうを見ただけだった。

目の前の人は「ミラーマン」

なんか、みんな私に興味なさそうなわけ。飲食店だと店員が元気に挨拶するのは当たり前だけど、オフィスは、ねえ。私だけ元気に挨拶すると浮くっていうか。

ほー。それは……試されているな。神様にも、その職場の人たちにも。いいか、とにかく続けろ、元気な挨拶を。目の前の人はミラーマンであり、自分自身を映し出してくれる存在なんだ。今まで自分も誰かに同じようなことをしてきたんだよ。

う――――ん、たしかに、私も誰かの挨拶や声かけを無視してしまったことって、あるかもね。それにしても、きついね。無視されても挨拶し続けるのは。

おまえも誰かを無視し続けてきたんだよ、ブーメランだよ。それでも、やり続けるのが大事って言ったろ？　毎朝、『ひとり会議』をしなさい。

『ひとり会議』？　何、それ？

朝起きてすぐ、にっこり微笑んで自分との約束ごとを確認するんだ。今日も1日笑顔で元気にすごします、目の前の人を楽しませ、喜ばせる1日にします、ってな。朝だけじゃなく、夜寝る前にも、それを実践できたかどうかの反省会をするんだ。

どうして、そんなことを朝晩やるの？

人間はどんなに決意しても忘れる生き物、潜在意識に何度も何度も落とし込まないと、なかなか習慣にならないからだ。紙に書いて目立つところ、壁やデスクに貼っておくのもいい。最強なのは、自分との約束をスマホの待受画像にすることだな。人は1日に300回くらいスマホを見るからな。

習慣化か。毎日やっていれば慣れるのかな。

今のおまえに必要なひとり会議の内容を教えてやろう。①今日も元気に明るく挨拶します。②悪口・愚痴・泣き言を言いません。③毎秒、笑顔を心がけます。④目の前の人を褒め、陰でも褒めます。⑤今日、必ず褒められます。

褒められるって、人からってこと？　どんな風に？

これを言われ始めたら、絶対に運気が爆上がりする魔法の言葉がある。『機嫌いいですね』『元気ですね』『笑顔が素敵ですね』と、こんなニュアンスで褒められ始めたら、おまえの運気は相当上がってるってことだ。

それさあ、ハードル高いなあ……。

おまえがなぜ、ハードルが高いと感じるか、わかるか？　それはおまえが普段、人を褒めないからだ。これもブーメランの法則だな。

たしかにね。やってみるよ。変な人だと思われるかもだけど。

習慣になれば、周りの反応は気にならなくなる。前に、困った時の３つめの選択肢に『受け入れる』があると言ったな？　さらにレベルが上がると、相手の反応に対して『気にしない↓気にならない↓気づかない』に変わっていくんだ。まずおまえは『気にしない』からだな。

褒める練習をする

気にしない、ねえ。そうだ、あと、自分を褒めるっていうのも超難しいんだけど。

簡単なことなんだよ。朝起きたら洗面所で顔を洗うだろ？　その時に自分の顔を見てにっこり笑って、思ってなくても『今日もいい女だな、素敵』って言えばいい。

え〜、それってただのナルシストじゃないの？

おまえにファンクラブはあるか？

はあ？　どういう意味よ。あるわけないじゃない。

ファンが1人もいないような人間が喜ばれる存在になんてなれるのかね？　ファンがいないのなら、せめて自分だけでも入りなよ。おまえの会員番号は001番！

つまり、無条件に自分を褒めるということで、それは自分以外の人のことでも同じ。コンビニのレジの人に『笑顔が素敵ですね』って言うのでもいいんだ。

思ってもいないのに、褒め言葉を口に出してもいいの!?　ただのお世辞じゃん。

嘘も方便とお釈迦様も言ってるだろ。口に出しているうちに本当にそう思うようになってくるものだ。褒める練習をしないと、褒めることが習慣にならないんだよ。

たこ星人の教え

- 自分との約束ごとを毎朝、毎晩確認する
- 自分と他人を無条件に褒める練習をする

人のためにお金を使う

以来、毎朝、オフィスに入る度に大きな声で挨拶するようにしている。もちろん笑顔つきだ。ろくに返事は返ってこないが、修行みたいなものだと思っている。ついでに、今日は思い切って「そのネクタイ、素敵ですね」と部長に言ってみたが、言いながら自分の笑顔がひきつっていたのが自分でわかった。返事はなかった。

お金は出口戦略が大事

うわ〜〜、もう、なんなの、小野部長!!

小野部長?

私が決死の思いで褒めたっていうのに、無視されたわ。センスのかけらもない服装と髪型をなんとか褒めてやったのに。

思いっきり気にしちゃっているな。小野のフリ見て我がフリ直せ。小野への感情は、おまえが誰かにさせてしまった感情。まあ、仕方ない受け入れろ。喜ばれる人になるためのプラスアルファをさらに教えてやろう。

まだあるの？　喜ばれる人になるって大変なんだね。

肝心なことをまだ教えていないんだった。お金の使い方のこと。お金は、出口戦略をよく考えなければいけない。収入を増やすことも大事だけど、それをどう使うかはもっと大事ダコ。使い方によって、入り具合が変わってくるんだよ。

他人のためにお金を使う

使い方？　出口って何よ。大事に使えばいいんじゃないの？

もちろんそうだ。だけど、特に他人のために使うのが大事なんだよ。

そういえば、お金は人を喜ばせるために使われるのが好きで、ギャンブルに使われるのは嫌いって言っていたね。

その通り。早速、今日から人のためにお金を使おう。

人のためって……寄付とか？

寄付ももちろんいい。でも、もっと日常的にできることで十分。会社の人に飲み物を奢ってあげたり、お菓子をあげたりすることから始めてもいいんだよ。

え、それってけっこうお金がかかるんじゃない。

毎日全員に奢れという話ではない。ジュースを1日1本誰かにプレゼントするのなら、110円×出社日数の20日で、1カ月に2千200円くらいのものだ。

そんなものか。それならできるかも。

お金の使い先は多いほうがいい

大事なのは金額じゃない。誰かのためにお金を使うという気持ちだ。ジュースじゃなくてもチロルチョコだっていいよ。ちなみに、お金の使い先は多ければ多いほどいい。しかも、自分と縁遠い人であればあるほど、徳が高くてお金に喜ばれる。

縁遠いって知らない人ってこと？　そんな人にどうやってお金を使えばいいの？

わかりやすいのは寄付。でも、たとえば宅配便の配達員さんや、警備員さん、交通整理の人など、別に知りあいではないけど、お世話になっている人、頑張ってくれている人って身の回りにけっこういるだろ？

なるほど。そういう人に飲み物とかお菓子を差し入れするみたいなことか。たしかに喜ばれそうだね。

お金は循環するもの

お金っていうのはな、世のなかを循環しながら、みんなを豊かにしていく神様の大切な道具なんだ。自分の手元にお金が入ってきても、貯めこんでいるだけでは本領を発揮できない。だから意識的に流すようにするんだ。それが出口戦略なんだよ。

ふーん。お金自体も人に喜ばれるために使ってもらいたいんだもんね。じゃあちょっと、やってみるよ。

お金は本来、循環させるものだってことは、少額でも人のためにお金を使い続けていけばだんだんとわかってくる。それに、人にお金を使うと喜んでもらえるよ。これが、けっこう快感になるんだ。いいか、とにかく人を喜ばせる練習をしなさい。

たこ星人の教え

- お金は稼ぎ方だけじゃなく使い方、「出口戦略」が大切
- 少額でもいいから、他人のためにお金を使う

「魅(み)は与(よ)によって生(しょう)じ求(ぐ)によって滅(めっ)す」

人のためにお金を使う習慣がこれまでなかったからか、意識していないと自分のためだけにお金を使ってしまう。というか、逆に、自分がいかに自分のためだけにしかお金を使っていなかったかを実感した。最近は、コンビニで自分のものを買った時は人にあげるためのお菓子や飲み物を追加で買うようにしている。そして、お世話になっている人にはもちろん、思いついた人にも何か手土産を渡すようにしている。

見返りを求めてはいけない

ぐぬう……小野部長めぇ……。

また小野が何かしたのか？

今日、職場の人とランチに行ったの。現金払いのみのお店で、お会計の時に小野部長が『現金、持ってきてない』って言い出したの。だから私が立て替えたんだよね。なのに、お礼の一言も言わないし、職場に戻ってからも、お金、返してくれないわけ。『返してください』って、言いづらいじゃない？　もしかして、返す気がないのかも。

それは面白いな！　しっかり返ってきているじゃないか。おまえが今までお母さんにお金を返してなかった分、その現象がしっかり返ってきている。これぞまさしくブーメランの法則だな。

げっ、私、結局お母さんにいくら返していないか確認もしていないいまだ……。

ま、小野部長はさておき、自分が人に何かをしてあげたからといって、それが返ってこないのを嘆くのは筋違いだよ。無能唱元（むのうしょうげん）という禅僧の言葉に『魅（み）は与（よ）によって生（しょう）じ求（ぐ）によって滅（めっ）す』というのがある。

誰、それ？　どういう意味？

人の魅力とは、与えることによって増していき、求めることによって低くなる、って意味だ。『受けた恩は石に刻め、かけた情けは水に流せ』という言葉もあるな。仏教の『刻石流水（こくせきりゅうすい）』という言葉からきているらしい。

あー、それはわかりやすい。自分がしてもらったことは覚えておいて感謝して、自分がしてあげたことはさっさと忘れろってことね。恩に着せちゃだめなのね。

返ってこないのが「最高」

そうだ。それにな、自分がしてあげたことが返ってこないというのは、実は一番いいことなんだよ。

どういうこと？

神様というのは粋でな。おまえがしたことと、おまえが受けとる恩恵との因果関係をはっきりとは見せてくれないんだ。だが、誰かに何かをしてあげて、それが本人から返ってこなかった時は、それ以外のところから倍になって返ってくるんだ。これを、おいらは『宇宙は律儀な倍返し』と言っている。

えっ、そうなの？　じゃあ、私が小野部長にいろいろとよくしてあげているのが返ってこない分は、他のところから倍返し……？

そういうことだ。小野部長からお礼にラーメンを奢ってもらうのと、別の人から回らないお寿司をご馳走してもらうのと、どっちがいい？

別の人との回らないお寿司！

そう思って、気にしないこと。自分が人にしてあげたことはソッコー忘れろ。人に大切にされたいと思うなら、まずは自分が先に人を大切にしなければいけない。いつも自分が先なんだ。人にお金を使える自分になれば、人からお金を使ってもらえる人間になれる。まず、相手に何かをしてあげるのが先だ。

Youファースト、Meセカンド

そっか～、じゃあ、引き続き人のためにお金を使って、喜ばれる人になるよ。

その調子だ。人生はやり続けたもん勝ちだからな。ただ、人のためにお金を使うといっても、のべつまくなしに使えばいいというものではない。誰に使うか、どう使うかはよく吟味せねばならない。お金は大事に使わなくてはならないからな。

じゃあ、喜んでくれない人や嫌いな人には使わなくていいの？

もちろんだ。自分が嫌だと思うことにお金を使う必要はない。そんな使い方をされると、お金も悲しむぞ。

たこ星人の教え

- 人に使ったお金は決して、見返りを求めない
- お金の使い先は吟味する

自分のための お金の使い方

人のためにお金を使うことを意識し始めると、今度は自分のために使うお金のことが気になってきた。今までは何も考えずに必要なものやほしいものを買ってきたが、効果的な使い方みたいなものが何かあったりするのだろうか。

自分を大切にできない人は他人のことも大切にできない

ねえ、たこちゃん、人を喜ばすために使うお金もいいんだけどさ、自分にもお金って使っていいんだよね？

もちろんだ。自分を大切にできない人は他人のことも大切にできないからな。

自分を大切にするってどういうこと？

自分を褒める。愛でる。ねぎらう。賞賛する。毎朝、鏡の前でやっているだろう？

うん、まあ、一応ね……。

自分の体に話しかける

お風呂に入った時に自分の体を洗って撫でながら『今日も頑張ったな』『おまえは本当にえらいな』と話しかけ、自分で自分をハグするのも魂はとても喜ぶから、かなりおすすめだよ。

自分の体を撫でながら、話しかけるの～？　変な感じ！

まあ、やってみなって。意外と悪い気はしないもんだ。あと、寝る前にひとり会議をして、1日頑張った自分を褒めるのもいいぞ。その時に一緒に烏枢沙摩明王様に1日のお礼とご報告をするといい。

へえ。ちなみに、自分を大切にするにはどういうふうにお金を使えばいいの？

簡単なことだ。無理のない範囲でお金を使う。最初に言ったろ？　おまえがいつもお金に困っているのは、『収入―支出』の計算ができないからだって。

それは本当に身に染みてよくわかったよ。今は気をつけているから大丈夫。使い道は、なんでもいいわけ？　ほしいものは自由に買えばいいの？

無理のない範囲なら、趣味でもなんでも好きにしろ。自分のお金なんだから。

収入の3割はあらかじめとっておく

あ、でも、貯金はしたほうがいいよね？

それはそうだな。収入の1割は貯金に回すのがいいわな。お給料から自動的に貯蓄に振り替えるように別口座を設定すれば、何もしなくても勝手にお金が貯まっていくから楽ちんだろう。あと、同じように、人のために使うお金も最初から確保しておくといい。これも1割が目安だな。欲を言えば、さらにもう1割、自己投資用のお金も確保するとさらに人生が豊かになる。

てことは、お給料のうち、3割は最初から割り引かれると考えておいたほうがいいってことね。

ネガティブな理由でお金を貯めるな

貯金は病気とか事故とか臨時出費とか、何かあった時のためでしょ、自己投資は資格取得とか？

むむっ、勘違いするな。貯金は困った時に備えるためのものではない。ネガティブな理由でお金を貯めておくとネガティブな現実を引き寄せてしまう。何度も言っているだろ？　おまえが宇宙に発したものが返ってくるんだ。病気の時のためにお金を貯めていれば願い通り病気になってしまうぞ。

わわっ、それは困る。でも、じゃあ、何のための貯金なの？

たとえば、『沖縄に面白い人がいる』と言われた時、すぐ会いに行くにはお金が必要だろう？　そういうポジティブな理由のために貯めておくんだよ。

じゃあ、最初から1割とっておく自己投資は何のため？

それも、自分にプラスになることのために使うお金だ。ただ、時にはまとまったお金が必要になることもある。日常的に使う用の1割では足りないこともある。そのための貯金1割だ。

たこ星人の教え

- **給料からあらかじめ「貯金1割、人のために使うお金1割、自己投資1割」をとっておく**
- **ポジティブな理由で貯金する**

臨時収入は試されごと

新しい会社で働き始めてそろそろ1カ月が経とうとしている。毎朝の笑顔・元気な挨拶はなんとか続けられている。というか、半分ヤケである。他の社員にどう思われているかはわからない。ただ、大きな声で挨拶するのは慣れてくると意外と気持ちのよいもので、自分自身を元気づける効果はあるような気がしている。

臨時収入をどう使うか

た、た、た、た、たこちゃん!!

おお、おかえり。どうした?

聞いて! ボーナス! 臨時ボーナス!!

何? 臨時ボーナスだと? すごいじゃないか。

私、中途入社じゃん。初年度だから夏のボーナスはないって入社時に説明されていたのよ。なんだけど、よく頑張ってくれているからって、5万円、今月のお給料につけてくれてたの……！

すごいな！　超ラッキーだな！

しかもね、すごいの。私のボーナスがないって聞いて、融通きかせてくれたの、小野部長みたい。

おお、小野が？

実はいい人だったのかも。明細見て、多いから何だろうと思って経理の人に聞いたら、上司に聞いてって言われて。小野部長に聞いたら、『頑張ってくれているから』って。『毎朝の元気な挨拶も3日で終わるだろうと思っていたけど、ずっと続けていて立派だと思った』って。

いい話じゃないか!!

ちょっと感動するよね!?

ところでこのあいだのランチ代は小野部長から返してもらったか？

あ、忘れてた。返してもらってないや。たぶん、小野部長も忘れているんじゃないかな。

得たら放つ

まあ、そんな小さいことに固執するな。水に流せ。忘れた頃に何倍にもなって帰ってくるものなんだよ。で、その臨時収入、どうするんだ？

え？　どうするって？

使い道。得たら放つのが臨時収入ってやつだ。

何に使おうかな。う－ん、お財布ももう少し高いのに買いかえたいし。推しのＤＶＤＢＯＸももうすぐ発売だし。

『マラキ書』という旧約聖書の一書に『私の倉にあなたの収入の10分の1を携えて来なさい。さすれば私は天の窓を開いてあふるる恵みをあなたに降らせるだろう』といったことが書かれているんだ。

ああ、10分の1は人のために使うってことね。おっけー。10分の1ね。残りのお金で、何を買おっかな～。

全スルーの法則

……と、イエスに教えたのはおいらだ。だが、イエスにも教えなかった秘密の言葉をおまえに捧げよう。

え？　何？

『全スルーの法則』。臨時収入が入ったら全部、誰かを喜ばせるために使う。

えええええ――！　せっかくの臨時収入なのに!?

せっかく入ってきたのに、もったいないよなあ。気持ちはよくわかる。でも、一度くらい試してみたら？　臨時収入を得たらすべて手放してみる。全部放ったら、そのうち面白いことがあるかもよ。いつか臨時収入が入ったら試してみるといいダコ。

たこ星人の教え

- 得たお金の1割は常に誰かのために使う
- 臨時収入のすべてを誰かを喜ばすために使ってみる

サプライズ・インパクト・ジョイ

せっかくの臨時収入。そのすべてを放棄するというのは、小物である私にはなかなかハードルが高い。「自分で全部使いたい」と、どうしても思ってしまう。それに、なんでもかんでも人のために使っていたら自分のために使うタイミングがなくなるんじゃないの？　……なんて思ってしまう自分を不甲斐なく思う気持ちもなくはない。

喜びは3種類ある

全部を人のために使うかぁ……。

強制じゃない。

うーん、そりゃあ、やっぱり、抵抗があるっていうか。

たこ星人は決して、強制はしないダコ。いやなら無理する必要はないぞ？　ストレスがたまるようなお金の使い方はしないほうがいい。

いやっていうか……。自分のために使う喜びもあるじゃない？

ビンゴ！ それもたしかに大切だな。喜びってのは3つある。自分で自分を喜ばせる喜び。誰かに自分を喜ばせてもらう喜び。そして、自分が誰かを喜ばせる喜び。どれも喜びだ。おまえがどこにフォーカスするかで降りかかる現象は変わる。

うん。でも、やっぱり、自分のためにもお金を使いたいよ。

もちろん、使いなさいよ。ただ、人生を大きく変えようと思ったら、お金の使い方を変えるのが手っ取り早くて効果的なんだ。誰かを喜ばせることにベクトルを向けられるようになると、人間というのはピカピカと輝き始めるんだ。蛍のように。その光を神様は目印にして応援する人間を見つけるんだ。この地球上に80億人もの人がいるなかで神様にえこひいきしてもらうには、それなりに目立つ必要がある。

人生を大きく変える……。

おまえの人生、この半年ちょいでずいぶん変わったたな。自覚あるか？

毎日必死であんまり意識していなかったけど、よく考えてみたら、私、正社員になれたんだよね。前は、ずっとなりたいと思っていたのに全然なれなかった。

お金のピンチも何度も乗り越えてきたな。もちろんそれはおまえが頑張ったからだ。今だって頑張っている。だが、それだけじゃない。

たこちゃんに助けてもらったよね。

いや、おいらはあくまでアドバイスしただけ。おまえの人生を直接動かしたわけじゃない。おまえの人生を動かしたのは、おまえの頑張りとご縁。人とのご縁だ。

お母さんにも結局助けてもらったし、仕事がない時にアルバイトをさせてくれたのも昔の知りあいだし、今の会社につなげてくれたのもその人だよね。今日の臨時ボーナスだって、小野部長のおかげだし。

そうだ。開運して得られるのはお金や仕事、ものだけじゃない。人の助けや巡りあわせといった『縁』もある。

人の心にビッグファイヤーを灯す

そう考えると、ありがたいよね。お母さんも、バイト先の店長も、小野部長も。

……あ、その人たちにお礼をするっていうのはどう⁉ この臨時ボーナスで。

それは名案だな。そういうふうに使われるとお金も喜ぶぞ。

そっか。人のために使うって、こういうことなんだね。

どういうふうにその人たちを喜ばせるかは、よく考えるんだよ。どうすれば相手が喜ぶのか。相手は何が好きなのか。人を喜ばせる時の合言葉は『サプライズ・インパクト・ジョイ』だ。

何それ。洗剤？

人を喜ばせる時の心構えだよ。驚きと感動と喜びを！　そう思いながら相手へのプレゼントを考えるんだ。

臨時ボーナスを全部使うのなら、けっこう大きいプレゼントができそうだよね。何がいいかな。ちょっとワクワクしてきた。

そのワクワクが大事なんだ。自分で自分を喜ばすこともいいが、人を喜ばせる時のワクワクはそれ以上の楽しみだ。広がりがあるからな。相手が喜ぶことを真剣に考えて贈ったものは、相手の心のマッチ棒にビッグファイヤーを灯すもんだよ。相手も自分も誰かを喜ばせたいと思うから、その波紋は無限に広がっていく。その波が大きければ大きいほど、おまえが人から喜ばれる人間だという証明になる。

たこ星人の教え

- 人のためにお金を使う喜びにベクトルを向ける
- 人を喜ばせる時は『サプライズ・インパクト・ジョイ』を意識する

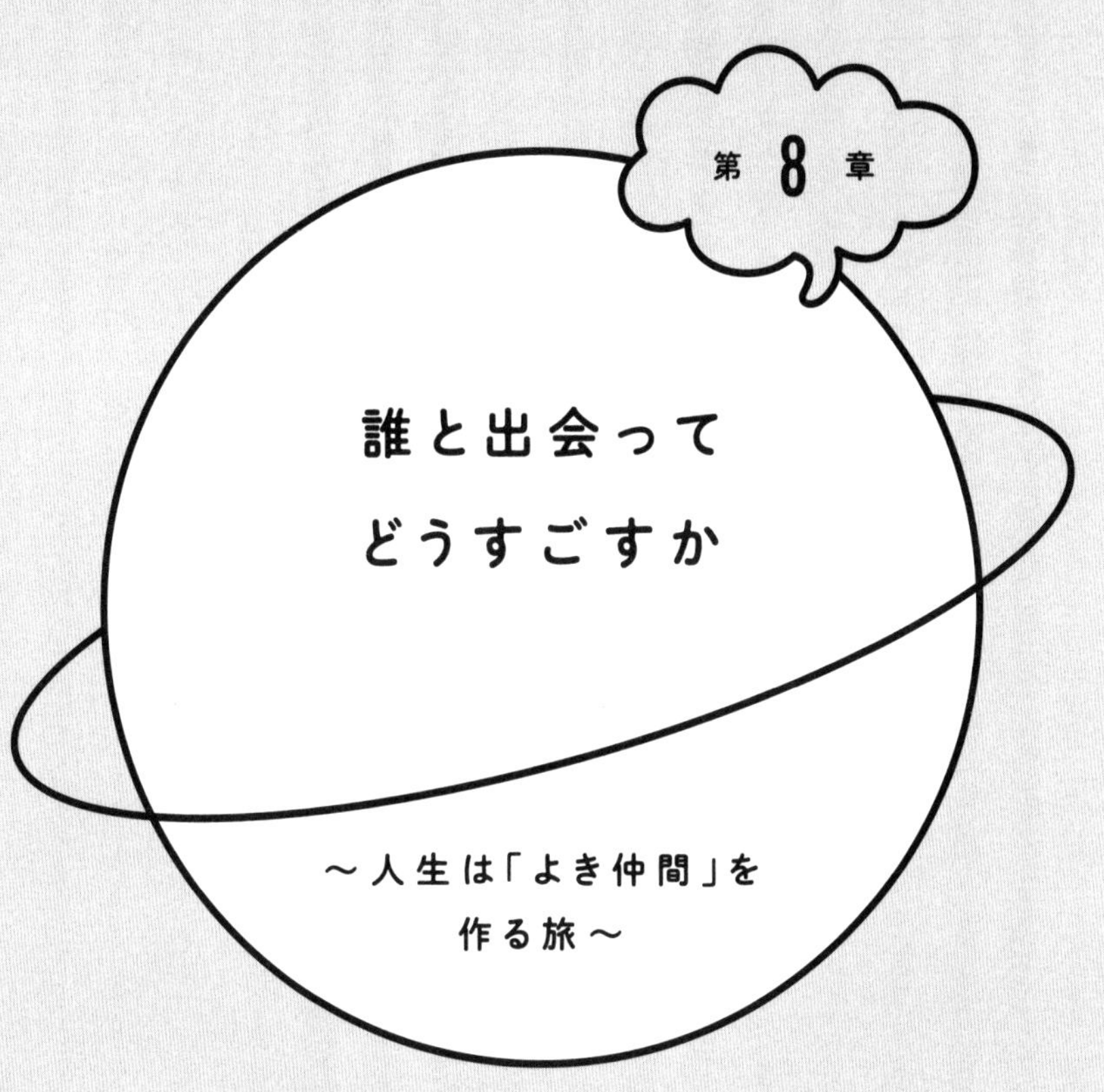

第8章

誰と出会って
どうすごすか

～人生は「よき仲間」を
作る旅～

自分の味方をたくさん作る

お母さん。店長。そして、小野部長。この3人が、今、私が感謝を伝えたい人だ。小野部長にはランチをご馳走し、臨時ボーナスのお礼を言った。「これからもよろしくお願いします」とも伝え、お会計は私が受けもった。相変わらず反応は薄かったが、おそらくそういう性格なだけで悪気はないのだろう。そう思うと、あまり気にならなくなってきた。

親に感謝するとご先祖様が喜ぶ

お母さんと店長さんには何をするんだ？

えへへ、お母さんにはね、欲しがっていたキーケースをプレゼントすることにしたの。ちょっと奮発して、いいのを買ったんだ。

いいね！　きっと喜ぶよ。

明日、前のバイト先に、一緒に夕ご飯を食べに行くから、その時に渡すつもり。『ボーナスが出たからご飯を食べに行こう』って誘ったんだ。店長にも何か手土産を買って行って、お礼を言おうと思ってるよ。

店長さんもお店の売り上げが上がって喜ぶだろうな。お母さんも、おまえの一人暮らしを心配しているだろうから、なおさら喜ぶだろうな。

そうだといいんだけど。

あの人……おまえの祖父君もきっと喜ぶだろう。ご先祖様にとっておまえはもちろん、おまえの親も大切な子孫だからな。大事にしてもらえると喜ぶんだよ。そういう目に見えない人たちのことを喜ばせ、応援してもらうのも開運のコツなのだ。

私、そういうのが見える人じゃないから、信憑性は微妙だけど。

ほとんどの人は見えない。だが、見えなくても信じている人はいる。成功者の多くはそうだ。そういう人たちは陰徳を積んでどんどん開運していく。

陰徳？

徳を積む、というだろう。徳には2種類あるんだ。陽徳と陰徳。陽徳は、みんながわかるように積む徳。陰徳は、人が見ていないところで積む徳のことだ。

っていうと、たとえば道でゴミを拾うとか？

そうだ。他にも倒れている自転車を起こすとか、電車のなかでお年寄りに席を譲るとか、お店のスリッパを綺麗に並べるとか。誰かに何かをプレゼントするみたいなわかりやすい陽徳以外にも、地道に徳を積む方法はたくさんある。ちなみに、宇宙的には陰徳のほうがポイントは高い。誰も見なくても神様は見ているってことだ。

へえ〜。そういうところでも宇宙のポイントカードにポイントを貯めていくんだね。そうするとコスモスローンの残債が減ってコスモスバンクの積立が増える。

その通り。陽徳をわざと陰徳にするというテクニックもある。『自分で買った』と言わず『もらったからお裾分け』と言うとかな。相手に気を遣わせずに済む。

なるほどね。陰徳かあ。ちょっとゲームみたいで面白いね。

そうやって楽しみながら徳を積めると最高だな。自分がパイプになって、宇宙から降り注ぐプラスのエネルギーを世界中に循環させるイメージだ。自分1人でお金を抱え込んでいるよりも、たくさんの人を巻き込んで行ったほうが豊かになれるんだ。神様はおまえ1人だけじゃなくて、みんなが幸せになることを願っている。だから、陰徳を積めば、その手助けをすることになる。そういう人は魅力があるから人に好かれて困ったことが起こらなくなるんだ。世界中におまえの味方がどんどん増えて、間違いなく素晴らしい人生になる。

人の想念に乗る生き方をする

徳を積むと、人とのつながりが強くなる感じはあるかも。小野部長とも、前よりも心の距離が縮まった気がするもん。態度は相変わらずだけど。

人生は自分の味方を作って行く旅。よき仲間を作るために生まれてきたんだよ。ちなみに、お釈迦様が乗っている蓮の葉っぱは『人の想念』と知っているか？

あの葉っぱが人の想念？　どういうこと？

お釈迦様は人生相談の達人なんだ。多くの迷える民がお釈迦様に悩み相談をしてきた。そうやって助けてもらった人たちの感謝の想いがあの蓮の葉っぱ1枚1枚に込められているんだ。お釈迦様のあの時の言葉・表情・眼差しに救われました、そんな人の想念の上にお釈迦様は鎮座しておられるわけだな。人間も、自分の味方に支えられながら生きられると、今よりもっともっと幸せを感じることができるんだ。

たこ星人の教え

- 親に感謝し、周りに感謝し、すべてに感謝する
- 人の見ていないところでも徳を積む

いやなことはなくならない

お母さんとの食事はとても充実した時間になった。正社員として就職が決まった話はとっくにしていたが、やはりいろいろと心配していたらしい。プレゼントを渡すと涙ぐんでいた。「お母さんもね、家の片付けをし始めたのよ。あんたがいなくなって暇だし」と言っていたので、たこ星人の言う通りだなと笑ってしまった。そんな折、前の会社の同僚から「久しぶりにお茶でもしませんか」と連絡がきた。最近、人との縁をよく感じる。これも日々の実践の成果に間違いないだろう。

幸と不幸はセット

たこちゃああん、聞いてよー。

前の会社の人とお茶してきたんだっけ？

それがさ、まさかのネットワークビジネスの勧誘だったよ〜。

出た！　誰もが人生で一度は経験するやつだな。それで？　まんまと入会してきたのか？　おいら、止めにいく暇なかったダコ。

止めてもらわなくても大丈夫。今回はちゃんと自分で断ってきたから。

ほう、少し前のおまえだったら、確実にサインして印鑑を押してたぞ。

副業をしようとしていた頃の私ならそうかもね。不労所得とか楽して儲かるとか、いろいろ言われたよ。自分も儲かるうえに人を幸せにできるビジネスだって。

なんで断った？

なんでって……。新しい会社の仕事を頑張りたいし、たこちゃんのおかげで、そこまでお金にも困っていないからかな。あと、誘ってきた知りあい自身が儲かっている印象もなかったし。もともとそんなに仲のいい人でもないのに誘ってくるってことは、お金目的なんだろうなって。断る口実として『親に相談します』って言ったら、焦っていたよ。今日入会したほうが得だとか、新しいビジネスだから親世代にはわからないとか。

成長を感じるな。だけど、今後もそういう誘惑や、困ったことは人生にいくらでも起こるんだ。ショッカーみたいなヤツはどこにでもいるんだろ。

ショッカーって、仮面ライダーの敵キャラのこと？　運気が上がるとそういうヤツは周りにいなくなるのかと思っていたけど、そうでもないの？

陰陽の法則

表があれば裏がある。プラスがあればマイナスがある。そういうのを陰陽の法則っていうんだ。幸と不幸はいつもセットなんだな。それは誰にでも平等だ。

運気が高い人は、理不尽なことがあっても慌てないから、周りはあまりわからないってこと？

マイナスなことが起きても、どう受け入れて、いかに対処するかによって、その後の状況は変わるんだ。騒ぎ立ててネガティブな対応ばかりすれば、コスモスローンがどんどんたまり、ポジティブに対処できれば負債は減って、不幸の連鎖を断ち切ることができるんだ。トラブルは魂を向上させる研磨剤であり、抜き打ちテストみたいなものだ。神様に試されているんだな。

運のいい人って、いいことしか起こらないくらい運がよくてラッキーなんじゃなくて、ネガティブなこととのつきあい方がうまいってことか。

もちろん、運気が高い人は感覚的に陰陽の法則をよく理解している。いいことが続く時こそあえて寄付をしたり、人のためにたくさんお金を使ったりして、あえてマイナスを作ってバランスをとるんだろうな。昔の日本でも、家を新築する時に『上棟式』といって、餅を撒いたり酒をふるまったりする慣習があったんだ。家を建てるという大きな幸せに際し、負を先払いするということなんだ。ま、おまえが負の先払いを深く理解するのはもう少し先かもな。

たこ星人の教え

- **すべてのことには意味があるから、ネガティブな現象に一喜一憂しない**
- **プラスとマイナスのバランスをとるようにする**

出会いは運気のバロメーター

運がいい人は、生まれつきそういう体質で、何の努力もしなくても何もかもうまくいくものだと思っていた。だから、生まれも育ちも容姿も恵まれているように見える人のことを「ずるい」と思っていた気がする。だけど、本当は、幸・不幸は誰のもとにも平等に訪れているのだ。前の私なら「そんなわけないでしょ」と一笑に付していたかもしれないが、今はなんとなく理解できるような気がする。これも私が少しは成長したからだろうか。

運気の高い人は人間力も高い

だけど、私の周りにはすごく運がよさそうな人ってあんまいないかも。

ああ、それはこれから運がいい人が周りに増えていくはずだ。おまえはまだ開運の準備段階で、これから確実に運気が上がっていくからな。類は友を呼ぶというだろ？　似たような運気のレベルの人間同士がつるんでいるんだ。運気の高い人は高い人たちで、運気の低い人は低い人たちでネットワークを作る。

そういえば、国際ロマンス詐欺にあった時、詐欺師と同じレベルって言われた。

あの時はおまえには難しすぎると思って詳しく説明しなかったけど、人間には波動というものがあるんだ。類は友を呼ぶというのは、同じような波動同士の人間で引かれあうってことだ。逆に、詐欺をするような人間は相当波動が低いと言える。

波動って何だっけ？

波動とは、ありとあらゆる物質からでている微弱エネルギーなんだ。人に関してはそれが、オーラや人間力みたいなイメージかな。波動が高いほど人間力が高い。いわゆる人格者なんだ。そういう人は運気も高い。

そっか。ネットワークビジネスに誘われたのも、まだまだ私の波動がその人たちと同じレベルってことなんだ。私のコスモスローンの負債、まだあるんだろうなあ。

当たり前だろ！　今まで何年ネガティブな感情を投げかけ続けたと思う？　長年積み上げたネガティブ感情波動はそんな簡単には消えない。けどな、諦めるなよ？　過去の教え子のなかには3週間で人生変えたヤツもいたからな。あいつは今は立派な講演家で実業家だな。諦めたらそこで試合終了、焦らず腐らず実践を続ける以外の道はない。だが、おまえは想定外コースを受け入れ、しかも全スルーの法則も試してきただろう？　かなりのハイペースでこれまでの負債を返していると思うぞ。

へえ。じゃあ、もっと返済できるように、波動と運気を上げるいい方法はある？

波動と運気を上げたいなら、成功している人の隣に常にいろ、だな。

そういう人と一緒にいると、運気のお裾分けをしてもらえるみたいなこと？

『波動干渉』といって、波動はお互いに影響しあう。波動の高い人といると、運気を分け与えてもらえる。離れればまた元通りになるから、常に会い続けるといい。

そうなんだ！　ただ、波動なんて私は見えないから、『この人は波動が高い人だ』っていうのは見分けられない気がする。

自分の波動が上がらないと、波動の高い人とは出会えない。だから、出会いは自分の運気を知るバロメーターでもある。誰の目から見ても運のいい人やうまくいっている人、おまえが憧れるような存在と出会えたら、自分の運気が上がっている証拠だと思えばいい。運気を上げるには、積極的に外に出て、出会い続けることだ。

宇宙は準備なき者に一切の関与をしない

へえ。じゃあ、これからもトイレ掃除を続けたり、人に喜ばれるような人間であり続けたりすれば、そういう人と出会えるようになるのかな。

そうだ。そういう人と出会って、最終的には仲よくなったり一緒に仕事ができたら最高だ。そのためには向上心を持って、いつでもそういう人に出会えるように準備をしておくんだ。身だしなみを整えておくことも大事だ。超運気の高い人のなかには、コンビニに行くだけでも完璧に身だしなみを整える人もいる。海外で仕事がしたくて、パスポートを常に持ち歩いていたヤツは、本当に声をかけられてそのまま海外に行ったぞ。いつ、どんな出会いがあってもいいように、常に準備しておけ。

コンビニに行くのもフル装備かあ……。でも、知りあいに会っても恥ずかしくない程度の格好ではあったほうがいいのかもね。

あと、波動を上げる手っ取り早い方法は常にご機嫌でいること。人に頼る前に、まずは自分で自分のご機嫌をとることからだ。機嫌がいいから笑うんじゃない。笑うから機嫌がよくなる。にっこり笑うのは1円もかからずにできる開運術だよ。

たこ星人の教え

- いつどこで運命の出会いがあってもいいように常に備える
- いつもご機嫌でいる

開運するのは難しくない

「うちの会社でもSNSを始めようと思っているのだが、任せるからやってくれないか。ほら、推し活とやらでSNSをよく使っていて慣れているんだろう？」

有無を言わせない小野部長の言い方に口を挟む余地がなかったというのもあるが、「これが想定外コースというやつかも」と思う気持ちも内心にあった。そんなわけで、営業をしつつ、SNSの社内アカウントを運用することになった。うまくできるかはわからないが、これもチャンスと思えるようになった自分に少し驚いている。

人生の使命は頼まれごとからやってくる

たこちゃん、私、神様って本当にいるのかもしれないって思う。

はあ？　今さら。まだ信じていなかったのか？

だって、神様なんて見えないんだもん。だけど、なんか最近、いろいろなことがつながってきている感じがするんだよね。小野部長とも前みたいな関係だったら、この話も絶対拒否したような気がするし。

このあいだのランチの時、意外と話が盛り上がったって言っていたな。

あの人、無口だから、逆に相手が気を遣ってしゃべらざるをえないんだよね。だから、むしろ、聴き上手というか……。私もつい、推し活のことをペラペラしゃべっちゃったよ。ツイッターの話もその時にしたんだ。

で、SNS担当、やるのか？

だって、想定外コースでしょ？　失敗したら小野部長のせいにすればいいし〜。

人から何かを頼まれるというのは開運の兆しかもな。案外、それがおまえの使命だったりしてな。おまえも、ついにここまでたどり着いたか。

使命？　おおげさだね。そういえば前も天命だとかなんとか言っていたね。

最後に、そろそろこの話をしておこうか。いいか、人間は誰しも天から授けられた使命を持っている。しかし、それに気づかないまま生涯を終える人が大半だ。

そうなの？　私、自分がやりたいこともよくわかっていないんだけど。

自分がやりたいことと使命が一致していることもあれば、していないこともある。おまえはやりたいことがわからないからこそ想定外コースを試したんだろ？　だったらなおさら、今、目の前で求められたことを一生懸命にやるのがいいんだ。頼まれごとの延長線上に使命は隠れているものだからな。

SNSが使命につながっているの？　今っぽいけど、そんなことが使命になる？

業務や職業そのものが使命というより、それに夢中になって取り組むなかに必ずヒントになることがある。SNSなら、『ご縁つなぎ』や『表現』『多くの人に何かを伝える役割』かな。使われてこその命だから。使命は命を使うと書くだろ？

あ、もしかして、人に喜ばれる人になることも、なんかつながっている？

人間、1人で生きているわけではないし、1人でできることには限界がある。自分の味方に囲まれて、その人たちのお役に立って喜ばれる、なんて素敵な人生だと思わないか？　まあ、本当にこれが使命だって思えるものはそんなに簡単には見つからん。けれど、諦めずに実践していけば、いつか必ずそういうお役目に気がつけることを楽しみにしていればいいんだ。

神様は人間に幸せになってほしい

ちなみに、神様は、1人ひとりに自分の使命に気づいてほしいって思っているの？

当たり前だろう。使命が見つかると人生が本当に楽しくて充実感がもてるようになる。みんなに幸せになってもらうために、神様は常にその人にメッセージを送り続けている。1人の人生を変えるため、何人もの神様やご先祖様が協力しあって『どのタイミングで誰と出会って何が起きて……』と手を尽くしてくれているんだ。どんなに応援しても、肝心の本人が思い通りに行動してくれるわけじゃない。もどかしいこともおありだろう。それでも諦めず、いつも必要必然、ベストな采配をしてくださる。神様には寿命はないが、人間の寿命はほんの一瞬だ。悩んでくすぶってる場合じゃない。神様は人に使命を果たしてもらいたいって、願っている。

そう考えると、神様ってありがたい存在だね。

神様ほど大変な仕事はない。だから、おいらみたいな存在が神様をお手伝いしているんだ。だが、開運は難しいことではない。開運というのは技術だ。マニュアル通りに素直に実践すれば絶対に変わるんだからな。おまえはまだまだだが素直さがある。その素直さと実践力が必ずや成功へと導いてくれるんだ。

たこ星人の教え

- **人から頼まれたことを一生懸命にやってみる**
- **開運は技術だから、誰でも素直に実践すれば必ず成功できる**

エピローグ ～頼まれごとの延長に使命がある～

嘘だ。きっと何かの間違いだ。今日、待ちあわせの場所にたこちゃんが来なかった。家に帰ったら、きっといつものように「おお、どうした?」って迎えてくれるはず。もしかしたら、約束を忘れて、タコツボで昼寝しているのかも。

そう思いながら期待を込めて玄関のドアを開けた。だけど、何の気配も感じられない。家中、隅から隅まで覗き込んだが、やっぱりいない。

「もしかして、行き違いかな」と再び玄関の鍵を閉め、駅へ向かった。

今日は全国津々浦々のたこ焼きが集まっている「たこやきタウン」へ一緒に行く約束をしていたのだ。たこのくせにたこ焼きを食べるなんて共食いじゃないのかと思ったが、好物だという。テーマパークの一角にたこやきタウンがあると教えると「なんだって⁉　そんな最高なテーマパークがあるなら行くしかないだろ。おいらを誰だと思っているんだ」と興奮して喜んでいたので、連れて行ってあげると約束していたのに。これまでのお礼も含め、今日はすべて私がご馳走するつもりだった。

私の仕事終わりに現地で待ちあわせをしていたのに、仕事を終え、予定通り現地へ向かったのだが、肝心のたこちゃんが来ていなかった。イタズラで、わざと姿を消していたり、誰かに変身していたりするのかと思い、しばらく周囲を探しまわったが、どうも気配が感じられない。半年以上も一緒にいれば、気配くらいはわかるものだ。

たこ焼きソースの甘塩っぱい匂いに胸がキュンと苦しくなる。もうすぐ閉園の時間だ。この前「最後に、そろそろこの話をしておこうか」とたこちゃんが言ったのが気にかかってはいた。教えが終わりに近づいていることも感じてはいた。だけど、突然いなくなるなんて、ひどいよ。そんなこと考えもしなかった。閉園時間までにたこちゃんが来なかったら、もう二度と会えないような気がして、私は居ても立ってもいられなくなった。

「ここから一番近いトイレ、どこですか」

近くにいたスタッフに声をかけ、指し示された先へ小走りで向かった。困った時、ピンチになった時、目の前のできごとにどう対処するかが大事だとたこちゃんはいつも言っていた。私が今すぐできること。それはトイレ掃除しかない。

閉園間際のトイレは人もまばらだった。私は空いている個室へ飛び込み、トイレットペーパーを手に巻き付け、迷わず便器へと突っ込んだ。外出先のトイレの床をさっとペーパーで拭くことはあったが、便器のなかにまで手を突っ込むのは初めてだ。だが、今の私にできることはこれしかない。その行動に一切の迷いはなかった。

便器を拭きながら、涙があふれてきた。たこちゃん、もう会えないっていうの？お礼も言っていないのに。ひどいよ、たこちゃんに会いたい！　グスグスと鼻をすすりながら一心不乱に掃除をした。

隅から隅までもっとピカピカにしてみせる。奥へ。もっと奥のほうまで綺麗に。トイレの排水溝が宇宙につながっているのなら、この奥はたこちゃんの故郷につながっているかもしれない。8本ある足の1本でも掴めたら、引きずり出してやる。

そう思った瞬間、指先に何かが触れた。引きずり出してみると、5円玉だった。トイレに落ちていたわりには綺麗な黄金色をしていた。5円玉を見つめていたら、もう会えないことが腑に落ちた気がした。この5円玉は、きっと、たこちゃんからのメッセージだ。「たこちゃんにいただいたご縁だね」。私はその場でしばらく泣き崩れた。

それから1年後——。

「私、ブログで一発逆転を狙っているんです！　もう、これしかないと思ってます」と、目の前の女の子は語気荒く言う。

私は、ブロガーとして、ブログサービスの運営会社が主催するイベントに参加していた。ブロガーなどの有名インフルエンサーたちがたくさん招待されていたが、元来そんなに社交的でない私は人混みに疲れ、壁際でボーッとしていた。

ブロガーになったのは、最近のことだ。

会社にも慣れ、ありがたいことに私が担当するSNSがバズって、冬のボーナスは驚く額をいただいてしまった。そのおかげで両親に旅行をプレゼントしてあげることができた。その時にお母さんが「あなたもずいぶん変わったよね、なんか別人みたい。いつも元気でよく笑うようになったしさ、何かあったの？」と聞いてきたのだ。

さすがにたこちゃんの話はできなかったが、「とある人からね、人生を変える方法を教えてもらって、いろいろ実践してみたらさ、なんか違う世界に来ちゃったみたい」と笑ってごまかした。すると「へえ、面白い。ブログとかに書いたらどう？　あなた、小さい頃、小説家になりたいって言ってたじゃない」と言われたのだ。

頼まれごとの延長に隠れた使命がある、というたこちゃんの教え通り、私はブログを始めた。人に言われたことはなるべく、すぐに実践するようにしている。

実は、これがかなり開運効果が高いと気づいてしまったのだ。ピッと感じたら、パッと即行動。私はこれをピッパの法則と名づけた。


ＳＮＳとブログは手法や目的がちょっと違うけれど、外に向かって発信するという点では共通している。ＳＮＳ担当をしているおかげで発信する楽しさを知ってしまい、「もしかして物書きは自分の天職なのでは？」と、今ではそんな心境でいる。

ブログを書くにあたっては、フィクションというていでたこちゃんのことをほぼそのまま書いている。タイトルは「金運が爆上がりするたこ星人の教え」。

趣味の延長で始めたブログだった。だが、それがよかったのかもしれない。思った以上に反響があり、読者が増え、大きなイベントに招待されるくらいのアクセス数まで伸びた。私としてはたこちゃんのことを書いているだけで、「すごいね」「めっちゃ面白い」と言われても、どうも人ごとのようでこそばゆい。どっちにしろ、たこちゃんはもういないのだ。きっと今頃は、どこかで昔の私みたいなだめ人間の面倒を見てるんだろうな。

で、そんなインフルエンサーが集まるパーティーで、目の前にいる女の子。

「だって、すごいじゃないですか。ブログが書籍化するんですよね？　さっき、他の人と話していたのが聞こえちゃいました。夢ありますよね〜」

この女の子とはさっきイベント会場で知りあったばかりだ。招待されたブロガーの誰かについて来たらしく、彼女自身はブログを書いているわけではないという。有名ブロガーに挨拶する度にキャーキャーと嬉しそうな声を上げていたのを目の端に見ていたが、そのうち、いかにも怪しげな雰囲気の人たちに囲まれ始めた。こっそり聞き耳を立ててみたら、どうやらブログ初心者を狙う詐欺まがいの勧誘を受けている。

「うちのコンサルを受けるとアクセス数が一気に跳ね上がるんです」

「効率のよい初期投資です。効率的に記事を増やせばそのまま財産になります」

どこかで聞いたような話だ。女の子の目の色が変わるのが手に取るようにわかる。

もしかしたら、別に詐欺ではないのかもしれない。健全なコンサルティングサービスを提供しているのかもしれない。だが、どうも気にかかった。

「楽してお金を手に入れようなんざ、愚の骨頂！　体を動かせ。汗をかけ、汗を」

たこちゃんの声が聞こえたような気がした。女の子と私は別に何の関係もない。このまま放っておいたって私は何も困らない。帰ろうと思っていた頃だし。

そう思う一方で、このまま放置するのはよくないような気がした。この女の子とご縁を感じる。よし、ここは想定外の演出だ、思い切って声をかけてみよう！

「私、そろそろ帰るんだけど、せっかくだからお茶でもしない？」

自分でも驚くほど大胆な行動に出てしまった。その女の子に親しげに話しかけ、キョトンとしているその子の腕を掴み、広間から連れ出したのだ。


「あの、どこかでお会いしましたっけ……？」

会場を出て、駅へ向かいながら私は優しく説明した。おそらく初心者を狙う詐欺であること。仮に詐欺じゃなかったとしても、最初からああいうのを頼りにするのはあまりよくない気がすること。人を信じやすい性格なのか、彼女はあっさり信用した。

流れで駅前のカフェに入ると、その女の子はブログを始めようと思っていることを嬉々として話し始めたのだった。「ところで、どうしてブログを？」と私が聞くと、それまで明るかった女の子が表情を曇らせた。

「お金があればな、ってブログで稼ごうと思ったんです」と、彼女はため息をついた。

「貯金が全然ないから、毎月、クレジットカードの支払いもきつくて。ほら、いろいろとお金がかかるじゃないですか。仕事もしているんですよ。だけど、お給料も上がらないし。何かいい副業ないかなーって」。そう、昔の自分と同じことを言うから、飲んでいたソイカプチーノを吹き出しそうになった。

「何、笑っているんですかぁ。笑いごとじゃないですよ、本当に！　今月のカードの引き落としもやばいんですからぁ」

「ごめん、ごめん」と私は笑いながら口を拭って言った。

「人気ブロガーだからって失礼ですよ。そんなこと言うなら、何かいいアイデアを授けてくださいよ。私がお金に困らないように」

アイドルじみた仕草でぷんぷん怒りながら女の子は言った。素直ではありそうだ。きっとこの出会いも意味があり、神様の必要必然、ベストな采配なのだろう。想定外コースの副産物なんだろうな。だよね、たこちゃん？　私は背筋を正して言った。

「いいこと教えてあげるから、許して。私がこれからあなたの金運が爆上がりする方法を教えるから、言う通りにできる？　私の言うことを素直に実践できれば、お金の苦労とはおさらばかもよ？　どう？　やってみる気ない？」

カフェの外では、たこちゃんと出会ったあの日と同じような冷たい北風が吹いていた。もうすぐ、また新しい年がやってくる。

おわり

あとがき　～リアルたこちゃんとの出会い～

最後までお読みいただきまして、誠にありがとうございます。

本書の誕生を前に、原稿を夢中で読み込んでいたら、鮮明に思い出したことがあって、ハッとしてグッときてしまいました。僕の胸は高鳴り、感慨深くもありました。

昭和の経済成長がめざましい世相に反して、ろくに食べるものがないほど貧しく、借金の取り立てと虐待を受けるような家庭に僕は生まれました。極貧で、9歳からは朝夕の新聞配達の仕事をがむしゃらにこなしていました。大好きな野球も諦めざるを得ず、精一杯生きてはいたものの、何かがおかしい。

やがて成長し、複数の店舗経営を手掛け、敏腕経営者の成れの果てと揶揄されるような海外のリゾートスパを所有したこともありました。世界で一番美しいとされる一等地のプールに浮かびながらも、僕の心は満たされず、やさぐれていました。どんなに頑張って会社を大きくして、どんなに大きなお金を動かす経営者になっても、不安やせわしなさに押しつぶされ、28歳の時、薬がなくては眠れなくなり、本当の幸せっていったいなんだろう、と苦しむ日々。

「贅沢がしたかったわけではない」、「成功ってなんだろう」「俺が生まれてきた使命は」

自分を突き動かしてくれるような大義名分を求め続けても得られず、もはや生きがいすら見失ってしまっていたなか、それでもどうにか人生を変えたい、どうしても変わりたい。もがいていた35歳の春。僕は師匠と、1冊の本に出会うのです。

「人生をなんとかしたいんです」

その想いだけは諦めきれなかった時期に、講演家の小林正観さんにご縁をいただきました。
生まれて初めて、誰かの講演会に赴いた僕が、最初に聞いたのは、お釈迦様の好きな蓮の花の話でした。

「蓮の花は、泥の沼地にしっかり根を張り、養分を吸収し、大輪の花を咲かせます。持って生まれた才能（色）を開花するその花は、どれも息を呑むほど美しく、その姿に人としての姿勢を重ねることができるのです」と。

「辛いこと悲しいこと理不尽なことは誰にでも起こりうるのです。けれども、そんな蓮の花のように、騒ぐことなく動じることなく、淡々と咲き誇ればいいのです」

泥水をすすって生きてきた僕にとって、正観さんからのそんな珠玉の名言の数々にはいつも心を動かされ、大きな希望が持てました。

それまでの僕は、お金や成功といった現実的なものばかりを追い求めていました。これさえ手に入れば、と必死で得てきたあらゆるものは、いざ手に入れても決して僕を満たしてくれることはありません。そんな日々のなかで、金運を上げたい、仕事で成功したいと、その秘訣を正観さんに教えていただこうと詰め寄ったことがあります。僕の顔をじっと見ていた正観さんはたった一言、こうおっしゃいました。

「あなたの顔が悪い」

僕はここでとてつもない衝撃を受けました。イケメンかどうかは別として（笑）、なんでそんなことを言われなくちゃいけないんだという反発心と裏腹に、どこか腑に落ちる感覚があったのです。

どんなにお金を稼いでも、心は荒み出費は止まらず、いつまでも幸せになれない理由が、正観さんにはきっとお見通しだったのです。当時の僕の在り方が、顔に現れていたに違いなかったからでした。頼まれごとをされない、誰にも喜ばれてはいない。その状態では何事もうまく行くわけがありません。

小林正観さんには、3年にわたって師事させていただくなかで、最初の1年半はべったり一緒にすごさせていただき、たくさんのことを学ばせてもらいました。

さらに、正観さんを師と仰ぎながら、ある1冊の本に衝撃を受け、人生のヒントを得たのでした。それは『客家大富豪 18の金言』という名著で、他の漢民族から差別を受け敵ばかりの弱い立場にあった「客家（はっか）」という華僑の知恵をまとめた本です。彼ら民族が一体となって、日々を支えあい、豊かに生き抜こうと力を尽くしながら編み出した人生の原理原則。その内容は18箇条にわたっています。

【客家に伝わる18の金言】

運は親切にした相手の背中から来る／許すことを知れば運命は変えられる／退却は重要な才能なり／何を始めるかに最も時間を費やすべし／ビジネスには大義名分が必要なり／準備していなかったチャンスはリスク／小さな約束こそが重要なり／家族を蔑ろにする者は成功せず／お金に使われず、お金を働かせるべし／50人の仲間が成功の核心となる／金鉱ではスコップを売るべし／安売りには必ず終わりがやって来る／嫉妬は成功の敵、愛嬌は成功の素／物事は因数分解して考えよ／汗ではなく考えることこそが富を生む／笑顔はコストゼロの最良戦略／「ありがとう」は必ず声に出すべし／欲望に忠実になるためにこそ禁欲的に

ずいぶん古い先人の、しかも異国の地の教えなのにもかかわらず、この成功哲学はもはや超一流の経営陣の常識となるような鉄板法則ではないでしょうか。まさに当時の僕が探し求めていたことだったが故、大きな衝撃を受け、感銘を受けたことを今でもハッキリ覚えています。ちょうど中国へ毎月、買いつけに行っていて、飛行機でこの本を読みながらぼんやりと思ったことがありました。それは、「世界に広めたくなるような、こんな成功法則の本があるなんてすごいよなあ。僕もいつか自分と同じ、くすぶっている人のお役に立てはしないだろうか？」と。

この本は、時を経てそんな僕の夢を叶えてくれた、愛してやまないたこちゃんとの秘密の交換日記のようなものですが、実は主役は読者のあなたに他なりません。たこちゃんは意外にもあなたの近くにいて、姿形を変えて、何度も働きかけてくれます。

成功の機会は誰にでも平等に与えられていますが、残念ながらそのメッセージに気づかず、ほとんどの人が路頭に迷っているのです。神様は1人残らず幸せにするまで諦めないというスタンスです。

せっかく生まれてきたからには、人生を謳歌したい。後悔しない人生にしよう。魂が求めていることに出会いたい。使命を知りたい。そう思うのは当たり前なことです。だとしたら、やるべきことは明確になってきます。宇宙はいつもシンプルであり、答えは簡単なのです。

もしかしたら、目の前にいる嫌いな人が神様の化身かもしれない。そして、今降りかかってきているできごとは、神様からのお試しかもしれない。そう接してみてください。人生は一瞬ですぎていきます。アホになって素直になって実践しましょう。気になること、心惹かれることがあったら、ピッパの法則で、全部やってみたらいいのです。一心不乱になって、本気で人生に夢中になれた時、あなたの近くにも、必ずやたこちゃんがいることが、きっとわかるはずです。

最後になりましたが、この本を企画、実現してくださったKADOKAWAチームの皆様に心より感謝申し上げます。敏腕編集の宮崎綾さん、ライターの村上杏菜さん、デザイナーの岩永香穂さん、イラストレーターのジュンオソンさん、イベントご担当の大川有希子さん、どの方も魅力的で温かく、ご尽力をしてくださいました。

また、取材協力いただいた上田菜都美さんと白石有希さん、そしてスタッフの小野マッチスタイル邪兄さん、豆記者・美穂さん、渋沢支部長、浦野部長、いつもありがとう。

人生のシナリオは生まれる前に自ら書いてきた、というのが僕の持論です。そんなあなたが本当の使命を思い出せば、経済的にも精神的にも最高に豊かになり、かけがえのない今世が最高のものになるでしょう。

僕にとって最高のギフトは、人との出会い『ご縁』です。そんな僕に出会ってくださったあなたに心から感謝しています。では、あなたのそばにいる、たこちゃんの活躍を祈ってお別れしたいと思います。

またいつかどこかでお会いいたしましょう♪　本当にありがとうございました。アディオス！

令和5年　弥生吉日　父の命日に捧ぐ

櫻庭　露樹

金運(きんうん)が爆上(ばくあ)がりする
たこ星人(せいじん)の教(おし)え

2023年3月1日　初版発行

著者　櫻庭露樹(さくらばつゆき)
発行者　山下 直久
発行　株式会社KADOKAWA
〒102-8177
東京都千代田区富士見2-13-3
電話　0570-002-301（ナビダイヤル）
印刷所　図書印刷株式会社

お問い合わせhttps://www.kadokawa.co.jp/
（「お問い合わせ」へお進みください）
※内容によっては、お答えできない場合があります。
※サポートは日本国内のみとさせていただきます。
※Japanese text only

定価はカバーに表示してあります。

ISBN 978-4-04-682185-0　C0095